Reisen mit

Insider-Tipps

Diese Tipps sind die ganz speziellen Empfehlungen unserer Autoren. Sie sind im Text gelb unterlegt.

Fünf Symbole sollen Ihnen die Orientierung in diesem Führer erleichtern:

★

für Marco Polo Tipps – die besten in jeder Kategorie

für alle Objekte, bei denen Sie auch eine schöne Aussicht haben

für Plätze, wo Sie bestimmt viele Einheimische treffen

für Treffpunkte für junge Leute

(108/A1)
Seitenzahlen und Koordinaten für den Reiseatlas Chalkidikí
(U/A1) *Koordinaten für den Stadtplan Thessaloníki im hinteren Umschlag und die Orte auf der Übersichtskarte im vorderen Umschlag*
(O) *außerhalb des Atlasausschnitts*
Zu Ihrer Orientierung sind auch die Objekte mit Koordinaten versehen, die nicht im Reiseatlas eingetragen sind.

Diesen Führer schrieb der Reisejournalist Alfred Janssen. Eines seiner Spezialgebiete ist Griechenland.

Die Marco Polo Reihe wird herausgegeben von Ferdinand Ranft.

Die aktuellsten Insider-Tipps finden Sie im Internet unter www.marcopolo.de

MAIRS GEOGRAPHISCHER VERLAG

Unsere Autoren haben nach bestem Wissen recherchiert. Trotzdem schleichen sich manchmal Fehler ein, für die der Verlag keine Haftung übernehmen kann.

Titelbild: Sithonía, zwischen Vourvouroú und Sárti (Ihlow)
Fotos: Amberg: Rieder (13); Autor (32, 39);
R. Hackenberg (7, 22, 30, 42, 54, 65, 67, 70, 73, 76, 79, 85, 86);
F. Ihlow (10, 16, 18, 35, 40, 45, 46, 50, 52, 56, 59); G. Jung (4, 28); R. Jung (24);
K. Kallabis (60); Mauritius: Hubatka (107); Thonig (80); P. Santor (15)

4., aktualisierte Auflage 2000 © Mairs Geographischer Verlag, Ostfildern
Gestaltung: Thienhaus/Wippermann (Büro Hamburg)
Kartografie Reiseatlas: © Freytag-Berndt u. Artaria, Wien
Sprachführer: in Zusammenarbeit mit dem Ernst Klett Verlag für Wissen und Bildung GmbH, Redaktion PONS Wörterbücher

Printed in Germany
Gedruckt auf 100% chlorfrei gebleichtem Papier

Was bekomme ich für mein Geld?

Eine Mark ist zurzeit etwa 170 Drs. wert. Was Sie dafür bekommen, hängt davon ab, wohin Sie gehen. In einfachen Kaffeehäusern zahlt man für eine Tasse Nescafé nur 350 Drs., in schicken Cafés und Hotels kann er aber auch 1000 Drs. kosten. Ebenso kann eine Halbliterflasche Bier 350 Drs., aber auch 1200 Drs. kosten. Höhere Preise sind in Griechenland aber nur selten gleichbedeutend mit besserer Qualität.

Bei den Übernachtungskosten sind die Preisunterschiede für gleiche Leistungen weniger krass. Einfache Doppelzimmer mit Dusche/WC bekommen Sie in der Hauptsaison schon für 6000 Drs.; für gute Doppelzimmer in Hotels müssen Sie im Hochsommer mit Preisen ab 15 000 Drs. rechnen.

Mietwagen für 3 Tage gibt es ab etwa 30 000 Drs. Ein Tagesausflug mit Reiseleitung kostet von der Chalkidikí aus etwa 10 000 Drs. Für einen Liegestuhl plus Sonnenschirm am Strand zahlt man 800 bis 2000 Drs., für eine Stunde Surfbrettmiete etwa 3500 Drs., für eine Stunde auf dem Tennisplaz etwa 2500 Drs.

Kreditkarten (insbesondere Visa und Eurocard) werden von nahezu allen Hotels, Reisebüros und Mietwagenfirmen sowie von vielen Restaurants akzeptiert.

DM	Drs.	Drs.	DM
1	171	100	0,59
2	341	250	1,46
3	512	500	2,93
4	683	750	4,39
5	853	1.000	5,86
10	1.707	1.500	8,79
20	3.413	2.000	11,72
30	5.120	3.000	17,58
40	6.827	4.000	23,44
50	8.534	5.000	29,30
60	10.240	6.000	35,15
70	11.947	7.500	43,94
80	13.654	10.000	58,59
90	15.361	12.500	73,24
100	17.067	15.000	87,89
200	34.135	25.000	146,48
300	51.202	40.000	234,36
500	85.337	50.000	292,96
750	128.006	75.000	439,43
1.000	170.674	100.000	585,91

Bei Zahlungen per Scheck oder Kreditkarte am Urlaubsort werden oben stehende Kurse zu Grunde gelegt. Stand: März 2000

REGISTER

In diesem Register sind alle in diesem Führer erwähnten Orte und Inseln verzeichnet, außerdem Sehenswürdigkeiten, die außerhalb von Ortschaften liegen. Halbfette Seitenzahlen verweisen auf den Haupteintrag, kursive auf Fotos.

LEGENDE REISEATLAS

	Mautstraße Toll - way Οδός Ταχείας κυκλοφορίας
	Asphaltstraße Asphalt road Οδός ασφαλτοστρωμένη
	Makadamstraße Macadam road Οδός μή ασφαλτοστρωμένη
	Nebenstraße (Fahrweg) Minor road (Earth road) Δευτερεύουσα οδός
	Weg Footpath, trail Μονοπάτι
7 / 3 4	Entfernungen in km Distances in km Αποστάσεις εις χιλιόμετρα
	Mautstelle Toll post Διόδια
	Eisenbahnen Railways Σιδηρόδρομοι
	Flughafen Airport Αεροδρόμιον
	Hotel Hotel Ξενοδοχείο
	Jugendherberge Youth hostel Ξενώνες νεότητος
	Campingplatz Camping site Κάμπινγκ
	Kirche, Kloster Church, monastery Εκκλησία, μοναστήρι
	Ruine Ruin Ερείπια
	Höhle Cave Σπήλαιο
	Antike Ruinenstätten Antique sites Αρχαιολογικός χώρος
	Marina Yacht supply station Σταθμός εξυπ. θαλαμηγων
	Heilbad Spa Ἰαματική πηγή
	Golf Golf Γκόλφ
	Reiten Horse-riding Ιππασία
	Tauchsport Skin - diving Κατάδυση
	Wasserski Water skiing Θαλάσσιο σκι
	Strand Beach Πλάζ
	Schloß, Burg, bemerkenswerte Architektur Castle, remarkable architecture Κάστρο, αξιοσημείωτος αρχιτεκτονική

5 km

D
E
F
4 km
1
2
3
4
5
6
Thrakiko Pelagos
Θρακίκο Πελαγος
Akr. Vatopediou
Ακρ. Βατοπεδίου
M. Pandokratoros
Μ. Παντοκράτορος
M. Stavronikita
Μ. Σταυρονικήτα
Karies
Καρυές
M. Iviron
Μ. Ιβήρων
M. Filotheou
Μ. Φιλοθέου
M. Karakallou
Μ. Καρακάλλου
1042
M. Ag. Dionisiou
Μ. Άγ. Διονυσίου
Athos
Άθως
2030
M. Megistis Lavras
Μ. Μεγίστης Λαύρας
M. Ag. Pavlou
Μ. Άγ. Παύλου
Sk. Timiou Prodromou
Σκ. Τιμίου Προδρόμου
Skiti Theotokou
Σκήτη Θεοτόκου
Akr. Tim. Prodromou
Ακρ. Τιμ. Προδρόμου
Skiti Ag. Triados
Σκήτη Άγ. Τριάδος
Akr. Pinnes
Ακρ. Πίννες

INHALT

Entdecken Sie die Chalkidikí!

Wo die einen beten und die anderen baden

Auf der Chalkidikí fühlen sich äußerst unterschiedliche Menschen dem Paradies ganz nah. Die einen leben in Klöstern und entsagen der Welt; die anderen genießen sie an sonnigen Stränden, die für sie fast schon der Himmel auf Erden sind.

Keine andere Region auf dem griechischen Festland wird von so vielen ausländischen Badeurlaubern besucht wie die Chalkidikí. Das ist verständlich, denn nirgends sonst reihen sich schöne Sandstrände so dicht aneinander wie hier, nirgends ist die Auswahl zwischen ganz unterschiedlichen Buchten und Bademöglichkeiten so groß. Wer Einsamkeit sucht, sieht seinen Wunsch ebenso erfüllt wie der, der Trubel mag oder Wassersport betreiben möchte. Das Wasser ist fast überall vorbildlich sauber.

Zugleich ist die Chalkidikí auch eine der grünsten und waldreichsten Landschaften in Hellas. Außer auf dem Berg Áthos blieb sie bisher von größeren Waldbränden, einer Geißel Griechenlands, verschont. Verkehrsmäßig ist die Chalkidikí durch gut ausgebaute Straßen bestens erschlossen. Hotels gibt es in allen Kategorien und Preislagen, darunter auch mehrere der Luxusklasse, die im übrigen Griechenland selten sind. Zahlreiche Zeltplätze locken aber auch sparsamere Urlauber an.

In mehr als einer Hinsicht paradiesisch: die oft grünen Küsten der Chalkidikí

Eine gut funktionierende Hoteliersvereinigung bemüht sich um große Kinderfreundlichkeit, um die Anlage von beispielhaft markierten Wanderwegen und um originelle Sonderangebote, die eine Pauschalreise auf die Chalkidikí noch attraktiver machen. So hatte man hier auch in den 90er-Jahren des letzten Jahrhunderts keinen Gästeschwund zu verzeichnen, als die Autourlauber wegen der Kriege im ehemaligen Jugoslawien ausblieben. Ein Grund dafür war freilich auch die Nähe zu anderen Balkanstaaten wie Jugoslawien und Bulgarien und ehemaligen Ostblockländern wie Ungarn und Russland, aus denen zusehends mehr Touristen kommen.

Die Chalkidikí mit ihren charakteristischen drei »Fingern« – den Halbinseln Kassándra, Sithonía und Áthos – ist einer von

51 griechischen Regierungsbezirken *(Nomoi).* Sie gehört zur Provinz Zentral-Makedonien. Hauptstadt dieser Provinz ist die Millionenstadt Thessaloníki. Hauptstadt des Regierungsbezirks Chalkidikí ist die Kleinstadt Polýgyros. Sie liegt zentral im Binnenland an einem Ausläufer des 1165 m hohen Cholómon.

Mit 2033 m weitaus höher ist der Berg Áthos an der Südspitze der gleichnamigen Halbinsel. Die Griechen nennen sie meist Agíon Óros (Ajíon Oros), heiliger Berg; denn sie ist schon seit über 1000 Jahren eine Mönchsrepublik, die in inneren Angelegenheiten weitgehend unabhängig von der griechischen Regierung ist. Heute leben dort noch in 20 Klöstern und anderen monastischen Siedlungen über 1700 Mönche. Um sie zu besuchen, benötigt man ein spezielles Visum. Es wird nur Männern erteilt. Pro Tag dürfen maximal zehn Ausländer einreisen und höchstens für drei Nächte bleiben. Solche Beschränkungen kennt man auf den beiden anderen Fingern der Chalkidikí natürlich nicht. Die Bewohner der Halbinseln Kassándra und Sithonía leben weitgehend vom Fremdenverkehr; all ihre Küstenorte sind bedeutende Urlaubszentren. Weitere Einnahmequellen sind die Fischerei und die Bienenzucht. Auf der Kassándra wird viel Weizen angebaut, in manchen Teilen auf der Sithonía Wein. Viehzucht wird vor allem auf der Sithonía und in den Bergen des Binnenlands betrieben, wo auch die Forstwirtschaft eine bedeutende Rolle spielt. Industriebetriebe gibt es auf der Chalkidikí nicht. Ganz unzerstört ist das Landschaftsbild dennoch nicht überall: An mehreren Stellen wird im Binnenland im Tagebau Magnesit abgebaut, sodass die Landschaft dort weißen Wüsten gleicht.

Der Name der Chalkidikí leitet sich von der Stadt Chalkída (auch: Chálkis) auf der großen Insel Euböa ab. Vor allem Menschen aus dieser antiken Stadt waren es, die im 8. und 7. Jh. v. Chr. ihre Heimat verließen und auf der Chalkidikí neue Siedlungen gründeten. Weitere Siedler kamen aus Chalkídas Nachbarstadt Eretria, aus Athen und Korinth sowie von der Ägäis-Insel Ándros.

Die neuen Siedlungen waren voneinander unabhängige Stadtstaaten, die sich jedoch gegen Ende des 5. Jhs. v. Chr. im Chalkidischen Bund zusammenschlossen, um sich wirtschaftlich und militärisch besser behaupten zu können. Trotzdem erlagen sie Mitte des 4. Jhs. dem übermächtigen Nachbarn Makedonien, dessen König Philipp II. wenige Jahre später auch alle übrigen griechischen Städte um ihre Freiheit brachte und so unter seiner Herrschaft erstmals ein geeintes Griechenland schuf.

Zum modernen Griechenland der Neuzeit gehört die Chalkidikí erst wieder seit 1912. Über 450 Jahre lang stand sie wie viele andere Regionen von Hellas unter türkischer Fremdherrschaft. Der griechische Freiheitskampf begann zwar schon 1821 auf dem Peloponnes, führte auch zu Aufständen auf der Chalkidikí und endete 1828 mit einem griechischen Sieg, Nordgriechenland und viele Inseln aber blieben dennoch weitere Jahrzehnte durch

Kloster Pantelímonos auf der Agíon Óros genannten Áthos-Halbinsel

Einflussnahme der Großmächte unter fremder Herrschaft.

In türkisch-osmanischer Zeit gab es auf der Chalkidikí nur noch wenige Bauerndörfer. Die Ländereien gehörten entweder türkischen Gutsherren oder den Áthos-Klöstern. Das erste von ihnen war bereits 963 gegründet worden, bald folgten weitere. Unter den vielen Mönchen waren häufig wohlhabende Edelleute, die der Welt entsagten und ihren Besitz ihrem Kloster überließen: Grundstücke irgendwo im orthodoxen Raum ebenso wie wertvolle Bücher und Kunstgegenstände. Auch weltliche Fürsten wollten sich mit großzügigen Schenkungen des öfteren den späteren Eintritt ins Paradies erleichtern; Laien glaubten, durch Testamente zugunsten der Klöster einem milderen Urteil beim Jüngsten Gericht entgegensehen zu können. So waren die Klöster in über neun Jahrhunderten zu einem der größten Landbesitzer Griechenlands geworden.

Die Klöster errichteten auf ihrem Besitz meist massive Wehrtürme. Mehrere von ihnen stehen noch heute und zählen zu den wenigen historischen Sehenswürdigkeiten der Chalkidikí. Aus der Antike ist in dieser Region nur sehr wenig erhalten; Ausgrabungen von überregionalem Rang sind nur die von Ólynthos und Olympiáda. Für eine klassische Studienreise ist die Chalkidikí also kein empfehlenswertes Ziel. Das einzige nennenswerte Museum der Region, das Archäologische Museum in der Bezirkshauptstadt Polýgyros, ist provinziell. Abgesehen von den Áthos-Klöstern gibt es auch kaum kunsthistorisch bemerkenswerte Kirchen und Klöster, da die meisten Sakralbauten erst im 18. oder 19. Jh. entstanden. Damals entwickelten sich aus den winzigen Siedlungen, die um

die Wehrtürme auf den Gütern der Áthos-Klöster bestanden, wieder neue Dörfer.

Ihr heutiges Gesicht entwickelte die Chalkidikí im Wesentlichen aber erst nach 1922. Damals endete ein griechischer Versuch, Teile der kleinasiatischen Türkei militärisch zu erobern, mit einem Fiasko. Hunderttausende von kleinasiatischen Griechen wurden von den unter Kemal Atatürk siegreichen Türken ums Leben gebracht. In einem Friedensvertrag wurde dann ein Bevölkerungsaustausch vereinbart. Die meisten der noch in Griechenland ansässigen Türken mussten in die Türkei übersiedeln, fast alle dort lebenden Griechen mussten in Hellas eine neue Heimat suchen. Die Chalkidikí war ideal für die Neuansiedlung der Vertriebenen. Die ehemals türkischen Güter lagen brach; die den Klöstern gehörenden Ländereien außerhalb der Mönchsrepublik konnten ohne größere Schwierigkeiten enteignet werden. So entstanden auf der Chalkidikí 27 große neue Dörfer, die die Flüchtlinge aufnahmen. Die meisten von ihnen sind noch heute leicht zu identifizieren: Ihr Name setzt sich aus dem Wörtchen *Néa* oder *Néos* (d.h. Neu) und dem Namen ihrer in Kleinasien liegenden Heimatstadt oder -region zusammen: Néos Marmarás zum Beispiel oder Néa Fokeá, Néa Potidéa, Néa Skióni und Néa Moudaniá. Viele ihrer Bewohner bezeichnen sich noch heute als *pónti,* also als Schwarzmeer-Griechen, und pflegen ihr Brauchtum.

Seit einigen Jahren wird die Chalkidikí von einer neuen Siedlungswelle erfasst: Tausende von Bewohnern Thessaloníkis kaufen Sommerhäuser und Apartments vor allem in den Küstenorten der Kassándra und an der Westküste der Sithonía-Halbinsel. Die Landschaft wird dadurch zunehmend zersiedelt. Aus noch vor zehn Jahren völlig verträumten Fischerdörfern sind große Ansiedlungen geworden. Zentral gelenkte Bebauungs- oder gar Flächennutzungspläne gibt es bisher nicht, nur wenige Bauvorschriften sind zu beachten. Umweltbewusstsein war noch nie eine Stärke der Griechen.

Eine bemerkenswerte Ausnahme bilden viele Hoteliers. Sie wissen, was auf dem Spiel steht. Fast alle größeren Hotels besitzen eigene biologische Kläranlagen und erwärmen ihr Wasser mit Sonnenenergie. Sie haben ihren Einfluss bei der Organisation einer gut funktionierenden kommunalen Müllabfuhr und der Schaffung zentraler Mülldeponien geltend gemacht. Nirgends in Griechenland werden so viele Strände regelmäßig gereinigt wie hier; nirgends gibt es auf 500 km Küstenlänge so viele Abschnitte, die mit der Blauen Flagge des Europarats ausgezeichnet worden sind.

Einem ungetrübten Badeurlaub steht also nichts entgegen. Und für den, der dennoch an einigen Tagen auf den Spuren der Geschichte wandeln will, gibt es ja immerhin eine Reihe von Zielen außerhalb der Chalkidikí, die man bequem auf Tagesausflügen erreichen kann: Thessaloníki zum Beispiel, Díon und Vérgina. Sogar zu den Metéora-Klöstern führen Tagestouren. Da dürfen auch Frauen sehen, wie es sich lebt, wenn man der Welt entsagt.

Geschichtstabelle

700 000 v. Chr.
Erste Spuren menschlicher Besiedlung auf der Chalkidikí

8. Jh. v. Chr.
Griechische Siedler aus Athen und Korinth sowie von den Inseln Ándros und Euböa gründen auf der Chalkidikí Kolonien und verdrängen die hier ansässigen Thraker

7./6. Jh. v. Chr.
Archaische Zeit. Sparta, Korinth und Athen werden zu Machtzentren Griechenlands

492–479 v. Chr.
Perserkriege. Die Griechen bleiben siegreich

338–146 v. Chr.
Hellenismus. Der makedonische König Philipp II. unterwirft ganz Griechenland, sein Sohn Alexander begründet ein Weltreich. Dessen Nachfolger Kassandros gründet 315 Thessaloníki

168 v. Chr.–395 n. Chr.
Römische Zeit. 146 v. Chr. wird Thessaloníki zur Hauptstadt der Provinz Makedonien

395–1204
Oströmisch-byzantinische Zeit. Reichshauptstadt ist Konstantinopel, das heutige Istanbul

9. Jh.
Auf der Halbinsel Áthos werden die ersten Klöster gegründet

1204–1453
Fränkische Zeit. Griechenland zerfällt in mehrere kleine Reiche fränkischer Kreuzritter sowie byzantinischer, serbischer und albanischer Fürsten. Thessaloníki wird 1430 von den Türken erobert

1453
Die Türken erobern Konstantinopel. Das Byzantinische Reich geht unter

1821–29
Griechischer Freiheitskampf, Gründung des neugriechischen Staates. Die Chalkidikí verbleibt im Osmanischen Reich

1912/13
Griechenland und die Chalkidikí werden Teil Griechenlands

1922/23
Griechenlands Versuch, die Türkei zu erobern, endet in einer Katastrophe; über eine Million griechischer Flüchtlinge strömen nach Hellas. Viele werden in der Chalkidikí angesiedelt

1940–1944
60 000 Juden werden aus Thessaloníki von Deutschen in die Vernichtungslager deportiert

1944–1949
Bürgerkrieg in Griechenland

1967–1974
Militärdiktatur in Griechenland

Seit 1974
Griechenland wird 1974 parlamentarische Demokratie und 1981 Vollmitglied in der EU. Premierminister ist seit 1996 Kostas Simitis (PASOK)

2000
Aufnahme in die Europäische Währungsunion (EWU)

Von Agía bis Zeus

Was man zum Verständnis des alten und des neuen Griechenlands wissen sollte

Agía, Ágios
Die Wörter Agía und Ágios begegnen einem in Griechenland immer wieder. Sie sind Teil von Orts- und Kirchennamen, sie kommen in den Namen von Fischerbooten und Autofähren vor. Agía heißt Heilige, Ágios Heiliger. Der Gottesmutter Maria gebührt ein besonderer Ehrenname. Sie ist die Panagía, die Allheilige.

Bürgerkrieg
Während des Zweiten Weltkriegs kämpften zahllose griechische Partisanen gegen das deutsche Besatzungsheer. Als die Deutschen 1944 abzogen, war der Krieg in Hellas aber noch nicht vorbei. Bis 1949 lieferten sich kommunistische Freischärler und bürgerliche Truppen einen erbitterten Bürgerkrieg, der noch mehr Opfer forderte als der Krieg gegen die Faschisten. Die Chalkidikí war eins der bedeutenden Kampfgebiete, selbst die Mönchsrepublik Áthos wurde zum Schlachtfeld.

Byzanz
Statt vom Mittelalter spricht man in Bezug auf Griechenland meist von der byzantinischen Zeit. Sie fällt ziemlich genau mit unserem Mittelalter zusammen, beginnt mit Kaiser Justinian im 6. Jh. und endet mit der Eroberung Konstantinopels durch die Türken 1453. Konstantinopel – das heutige Istanbul – war die Hauptstadt jenes Reichs, das in seinen besten Zeiten bis zur Straße von Gibraltar und weit nach Vorderasien und Nordafrika hineinreichte.

Kirchliche Pracht in Arnéa

Ferien
Die griechischen Sommerferien dauern von Mitte Juni bis Mitte September. Haupturlaubsmonat der Griechen aber ist der August. Zwischen dem 1. und dem 20. 8. hält es kaum einen Hellenen zu Hause: Fast alle strömen ans Meer, einige wenige auch in die viel kühleren Berge. In dieser Zeit ist es äußerst schwierig, irgendwo in Hellas außerhalb der Städte ohne vorherige Reservierung ein Zimmer zu bekommen.

Flaggen
Die Farben der griechischen Flagge sind weiß und blau. Schulkindern wird meist erklärt, die Farben würden für Meer, Himmel und Wolken stehen. In Wahrheit aber sind es die bayerischen Farben, die Griechenlands erster König der Neuzeit, der Wittelsbacher Otto, nach seiner

Wahl durch die Großmächte mit in sein neues Reich brachte. Vor Kirchen und Klöstern sieht man oft eine viel ältere, besser zu Hellas passende Flagge: Sie trägt auf gelbem Untergrund einen Doppeladler. Er ist das Symbol des Byzantinischen Reichs – bis zu dessen Fall 1453 war Griechenland ein Teil von ihm.

Ikonen

Darstellungen von Heiligen und biblischen Ereignissen auf Tafelbildern nennt man in der orthodoxen Kirche Ikonen. Man findet sie in allen Gotteshäusern, aber auch in vielen Autos, Bussen, Geschäften, Restaurants und Privatwohnungen. Sie sind etwas ganz anderes als fromme Bilder in unseren Kirchen. Ikonen sind »Tore zum Himmel«. Sie bringen den Heiligen ins Haus, machen ihn präsent. Deswegen genießen sie solch auffällig große Verehrung, werden geküsst, mit Edelmetall, kostbaren Vorhängen, Juwelen, Ringen und Uhren geschmückt und manchmal auch bei Prozessionen durch den Ort oder durch die Olivenhaine getragen. Ikonen sind Konsulate des Himmels auf Erden. Sie werden behandelt, als wären sie der oder die Heilige selbst. Götzendienst ist das nicht. Die Verehrung gilt ja nicht dem gemalten Bild, sondern dem Dargestellten selbst. Die Ikone wird nicht als Abbild des Heiligen, sondern als mit ihm wesenseins angesehen.

Der Ikonenmaler muss sich auch heute noch ebenso wie der Schöpfer von Wandmalereien in Kirchen streng an uralte Regeln halten. Er hat nur wenig Freiheiten. Seine Phantasie und künstlerische Kreativität sind nicht gefragt, nur seine handwerkliche Geschicklichkeit. Das führt dazu, dass sich so viele Ikonen gleichen, ganz egal, aus welchem Jahrhundert sie stammen. Die Maler halten sich streng an den byzantinischen Formenkanon. Er hat sich während und vor allem nach dem Bilderstreit, dem Ikonoklasmus (726–843), herausgebildet. In jener Zeit kam es über die Frage, ob Ikonen verehrt werden dürfen oder nicht, zu einem regelrechten Bürgerkrieg im Byzantinischen Reich. Die Ikonenfreunde siegten. Fortan aber musste es für jede Darstellungsweise eine theologische Bedeutung und Rechtfertigung

Die Mönche und die Frauen

Das Betreten des heiligen Berges Áthos ist Frauen schon seit über 1000 Jahren verboten. Die Seelenruhe der Mönche soll nicht gestört werden. Nur während des Bürgerkriegs 1944 bis 1949 haben linke Kämpferinnen das Gebot missachtet, um die frommen Männer zu provozieren. Selbst das Halten weiblicher Haustiere ist in der Mönchsrepublik verboten. Nur die Mönche, die Ikonen malen, dürfen ein paar Hühner haben. Sie brauchen für ihre Malerei nämlich unbedingt frisches Eidotter. Die unfreundliche Haltung gegenüber allem Weiblichen geht aber noch weiter: Keine einzige Kirche auf dem Áthos ist einer weiblichen Heiligen geweiht – außer der allheiligen Maria, der Mutter Jesu.

Im Kloster Xenofóntos in der Áthos-Republik leben etwa 45 Mönche

geben, und damit entstanden Malvorschriften, die bis heute eingehalten werden.

Kioske

Kioske, auf griechisch in der Einzahl *períptero* genannt, stehen auf jedem Platz und in Städten und Dörfern an fast allen größeren Kreuzungen. Meist sind sie jeden Tag der Woche von frühmorgens bis spätnachts geöffnet und bieten alles feil, was der Mensch dringend brauchen könnte: Zigaretten und Rasierklingen, Zahnbürsten und Kämme, Papiertaschentücher, einzelne Aspirintabletten, Kondome und vieles mehr.

Literatur

Die neugriechische Literatur dieses Jahrhunderts hat zwei Nobelpreisträger hervorgebracht: Georgios Seferis (1963) und Odyseas Elitis (1979). Im Ausland sehr viel bekannter als diese Lyriker ist aber Nikos Kazantzakis (1883–1957), dessen in zahlreiche Sprachen übersetzter Roman »Alexis Sorbas« auch als Film mit Anthony Quinn in der Hauptrolle ein Welterfolg und Klassiker wurde.

Losverkäufer

Losverkäufer gehören zum griechischen Straßenbild wie orthodoxe Priester oder Kioske. Sie bieten die Chance auf Gewinn in Lokalen und an Busbahnhöfen, vor Kirchen und sogar in Büros an. Zwei Arten stehen zur Auswahl: Rubbellose mit sofortigem Gewinnentscheid und Lose der Staatslotterie, deren Gewinnnummern an jedem Montagabend gezogen werden.

Religion

Außer in West-Thrakien, wo es eine starke islamische Minderheit gibt, bekennen sich fast alle Griechen zum griechisch-orthodoxen Christentum. Andere christliche Konfessionen werden als Häresien betrachtet, denen anzuhängen den Weg in den Himmel versperrt.

Den Urlaubern fallen zunächst die Kirchen und die vielen kleinen Kapellen auf. Jede Kirche besitzt eine Ikonostase, also eine Bilderwand, die den Altar- vom Kirchenraum trennt. An dieser Ikonostase und meist auch an allen Wänden hängen Ikonen, vor denen Gläubige Kerzen entzünden. Statuen, Beichtstühle und

Weihwasserbecken fehlen im Gegensatz zu römisch-katholischen Kirchen völlig. Eine Orgel wird man vergeblich suchen, da Instrumentalmusik verpönt ist.

Überall in Griechenland begegnet man orthodoxen Priestern. Sie tragen lange, dunkle Gewänder und eine Kopfbedeckung, unter der meist ein mehr oder minder langer Zopf hervorschaut. Solange die Natur mitspielt, sind Priester immer langhaarig und bärtig: Was Gott wachsen lässt, soll der Priester nicht entfernen. Orthodoxe Priester dürfen vor der Priesterweihe heiraten und haben oft große Familien. Sie werden vom Staat bezahlt; eine Kirchensteuer kennt man in Hellas aber nicht.

Orthodoxe Gottesdienste dauern häufig zwei und mehr Stunden. Nur wenige Kirchenbesucher harren diese lange Zeit über aus. Es herrscht ein ständiges Kommen und Gehen; man plaudert auch während des Gottesdienstes gelegentlich miteinander. Predigten sind kaum üblich. Die Liturgie wechselt täglich. Formeller Hauptinhalt des Gottesdienstes ist der Wechselgesang, der vom Priester und einigen Laien vorgetragen wird. Gesangbücher für die Gemeinde gibt es nicht. Ein äußerlicher Unterschied zwischen orthodoxen und anderen Christen zeigt sich auch in der Art der Bekreuzigung: Der orthodoxe Christ schlägt das Kreuz mit nur drei ausgestreckten Fingern, die anderen beiden werden an die Handinnenfläche gelegt.

Die orthodoxen Christen erkennen den Papst nicht als Oberhaupt der Christenheit an, sondern halten diesen Anspruch teilweise sogar für eine Eingebung des Teufels. Sie fühlen sich den Aposteln und ersten Christen eng verbunden, weil sie ihre Glaubensgrundsätze aus dem Frühchristentum entwickelt und seit dem 9. Jh. nicht mehr verändert haben. Sie beklagen das Werk der evangelischen Reformatoren, und die vom Papst verkündeten Dogmen sehen sie keinesfalls als von Gott gegeben an.

Zur offiziellen Kirchenspaltung, dem Schisma, kam es bereits 1054. Dogmatische Unterschiede gibt es viele. Einer führte auch zum Schisma: Die Orthodoxen glauben bis heute, dass der Heilige Geist nur von Gottvater ausgeht, währen die »Papisten« damals verkündeten, er ginge von Vater und Sohn zugleich aus (Filioquestreit). Bei der Taufe halten die Orthodoxen am völligen Untertauchen des Täuflings fest. Für sie ist Maria nach ihrem Tode nicht leiblich gen Himmel gefahren; Christus trug nur ihre Seele davon. Darum wird am 15. August auch nicht Mariä Himmelfahrt gefeiert, sondern Mariä Entschlafung.

Schulsystem

Die Schulpflicht reicht in Griechenland bis zum neunten Schuljahr. Die Mittelschule wird *gymnásio* genannt, unsere gymnasiale Oberstufe hingegen *líkio.* Sie endet nach dem 12. Schuljahr mit dem Abitur. Um es zu bestehen, besuchen fast alle Schüler private Nachhilfestudios, *frontistíria* genannt. Für viele Studienfächer besteht ein Numerus clausus. Universitäten gibt es außer in Athen und Thessaloníki auch in anderen Festlandstädten sowie auf einigen Inseln.

Sportbegeisterung

Als die griechischen Olympiateilnehmer 1996 aus Atlanta zurückkehrten, wurden sie im Olympiastadion von Athen, in dem 1896 die ersten Olympischen Spiele der Neuzeit stattgefunden hatten, von über 60 000 Menschen stürmisch gefeiert. Premierminister, Erzbischof und viel andere Prominenz waren anwesend, um den nationalen Erfolg zu genießen. Die Siege griechischer Mannschaften haben in früheren Jahren maßgeblich dazu beigetragen, dass Basket- und Volleyball heute zu den beliebtesten Sportarten zählen. Mehr Anhänger findet nur noch der Fußball. Von der Sportbegeisterung der Hellenen zeugt auch die Tatsache, dass es mehrere nationale Tageszeitungen gibt, die nur über Sport und sonst gar nichts berichten. Natürlich veröffentlichen sie auch die Fußballergebnisse aus den meisten anderen europäischen Ligen.

Wirtschaft

Mit der einst maroden griechischen Wirtschaft geht es aufwärts: Die Inflationsrate sank auf 2 Prozent, das Haushaltsdefizit liegt bei nur 1,2 Prozent vom Bruttoinlandsprodukt. Arbeitslos sind 11 Prozent.

Zeus

Wenn die Chalkidikí auch arm an antiken Stätten ist, begegnet man antiken Göttern doch häufiger – und sei es nur in Hotel- und Tavernennamen. Sicherlich haben die alten Griechen aber auch auf der Chalkidikí ihren Göttern Tempel erbaut, die nur noch nicht freigelegt wurden. Ihre Götter nämlich erlebten die Hellenen des Altertums als allgegenwärtig. Sie residierten auf dem Götterberg Olymp, brauchten aber auch in den Städten eine Unterkunft, eben ihre Tempel. Göttervater Zeus galt als der mächtigste unter ihnen; ihm war ein Tempel in Kallithéa auf der Kassándra geweiht. Sein Bruder Poseidon war für das Meer und die Erdbeben zuständig, sein zweiter Bruder Hades für die Unterwelt. Hera, die Gemahlin des Zeus, galt als Beschützerin der Ehe. Ihr einziger gemeinsamer Sohn war Hephaistos, der Gott der Schmiedekunst. Dessen Gemahlin Aphrodite, von den Römern später Venus genannt, war die Göttin der Liebe. Ihr Geliebter war Ares, der Kriegsgott. Zu den olympischen Göttern gehörten außerdem Apoll als Gott der Schönheit und des Lichts, Artemis als Göttin der Jagd, Athene als Göttin der Weisheit und Dionysos, verehrt als Gott des Weines, des Theaters und der Fruchtbarkeit.

Aphrodite mit Pan und Eros

IONAS

Tafeln wie ein Grieche

Die Speisekarten auf der Chalkidikí sind voller Überraschungen

Die Küche Makedoniens gilt vielen Kennern als die beste Griechenlands. Man würzt gut und mag auch scharfe Gerichte, die viele Inselgriechen und Athener nie anrühren würden. Auf der Chalkidikí haben sich zudem viele Rezepte erhalten, die die hier 1922/23 neu angesiedelten griechischen Flüchtlinge aus Kleinasien mitgebracht hatten. Für Abwechslung ist also gesorgt. Verwöhnen kann man sich aber auch mit Weinen und Spirituosen. Vom einfachen, geharzten Retsina bis zum edlen Tropfen kleiner, renommierter Winzer reicht das Angebot, vom Ouzo bis zum seltenen Sanddornschnaps. Süßmäuler kommen in Cafés und Konditoreien ins Schwärmen, wenn sie stark orientalisch angehauchte, oft extrem süße Spezialitäten wie *baklavás* und *kataífi* schätzen.

Restaurants und Tavernen gibt es in jedem Küstenort und auch fast jedem Bergdorf. Wer sparen will, findet zudem jede Menge kleiner Imbissstuben, wo sich Gyros und Hühnchen am Spieß drehen, dazu Pommes frites im Fett brutzeln und mit Käse und Schinken belegte Toasts angeboten werden. Besonders beliebt als Snacks sind auch mit Käse, Spinat, Würstchen und manch anderem gefüllte Blätterteigtaschen, die *píttes.*

Fischer in Néa Skióni: Sein Fang wird auch in Restaurants nach Gewicht berechnet

In Griechenland essen zu gehen ist völlig unkompliziert. Die Sitte telefonischer Tischbestellung ist nahezu unbekannt; Kleidungsvorschriften gibt es nicht.

Die meisten Lokale sind zudem von mittags bis weit nach Mitternacht durchgehend geöffnet. Der Gast bestimmt, wann er essen will, nicht der Wirt. Bei den unterschiedlichen Gewohnheiten der Gäste ist das auch nötig: Deutsche und Engländer kommen abends meist schon um 18 Uhr, gegen 20 Uhr stellen sich Franzosen und Italiener ein, ab 22 Uhr erscheinen dann die Griechen.

Speisekarten oder Preistafeln sind für alle Arten von Lokalen gesetzlich vorgeschrieben. Meist sind sie zumindest auf Griechisch und Englisch abgefasst, in den Küstenorten fast immer auch auf

Deutsch. Saisonale Angebote freilich tauchen häufig nur als handschriftlicher Zusatz auf, der dann auch nicht übersetzt wird. Hier hilft nur fragen. Gerichte aus tiefgekühltem Fisch, Fleisch oder Gemüse müssen auf der Karte besonders gekennzeichnet sein. Deswegen steht hinter einem von Urlaubers Leibgerichten, den Kalamares, besonders häufig (ausgeschrieben oder abgekürzt) das Wort *katepsigména.*

Die Speisekarte allein hilft allerdings meist nicht, sich zu entscheiden. Deshalb gehen auch griechische Gäste gern in die Küche oder zum Warmhaltetresen und zur Kühltruhe, um dort das Angebot in Augenschein zu nehmen.

Bevor der Kellner die Bestellung aufnimmt, legt er über die gesetzlich vorgeschriebene Stofftischdecke eine Einwegpapiertischdecke. Dann wird ein Korb mit Brot, Papierservietten und Besteck darauf gestellt. In stark touristisch ausgerichteten Lokalen kommt noch Butter hinzu, in besonders ursprünglichen Zahnstocher. Vom Besteck darf man nicht zu viel erwarten: Fisch- und Steakmesser sind weitgehend unbekannt, in einfachen Lokalen muss man sein Kotelett sogar mit einer Art Obstmesser zerschneiden.

Will man wie ein Grieche bestellen, wählt nicht jeder aus der Tischgemeinschaft seine Speisefolge für sich. Vorspeisen und Sa-

Beim Essen ist die Gesellschaft ebenso wichtig wie die Speisen

late bestellt man für alle gemeinsam; jeder nimmt sich, wovon und wie viel er mag. Auch Fisch und auf Holzkohle gegrilltes Fleisch werden von Griechen meist nicht portionsweise, sondern nach Gewicht auf großen Platten bestellt, von denen sich wiederum jeder nach seinem Gusto nimmt.

In sehr touristisch ausgerichteten Restaurants ist das freilich nicht mehr möglich: Da hat sich der Teller mit Reis und Pommes frites, Erbsen und Möhren sowie einem Salatblatt als unsägliche Garnitur durchgesetzt. Eine andere Zeiterscheinung allerdings macht sich zunehmend positiv bemerkbar. Während früher in griechischen Restaurants viele Gerichte nur lauwarm serviert wurden, kommen sie heute dank Mikrowelle häufig (viel zu) heiß auf den Tisch.

Eine andere echt griechische Eigenart blieb weitgehend erhalten: Der Tisch wird erst abgeräumt, wenn die Besucher gegangen sind. Griechische Gäste sehen gern, wie üppig sie gespeist und getrunken haben und freuen sich an Tischen voller Geschirr und leerer Flaschen.

Wenn es ans Bezahlen geht, haben viele Kellner abseits der Touristenzentren Probleme mit den fremden Gewohnheiten ihrer ausländischen Gäste. Die wollen oft getrennt zahlen, obwohl sie am gleichen Tisch sitzen. In griechischen Tischgemeinschaften übernimmt immer einer für alle die Rechnung. Wenn es denn sein muss, kann man ja hinterher die Kosten teilen. Auch beim Trinkgeld sind die Gewohnheiten unterschiedlich. Der Grieche verfährt nach dem Motto »Entweder gar nichts oder ordentlich«. Zehn Prozent sind üblich; das bloße Aufrunden auf den nächsten Hunderter ist eher beleidigend. Zudem bittet man den Kellner nicht, das Trinkgeld gleich auf die Rechnung aufzuschlagen, sondern lässt es beim Gehen auf dem Tisch liegen.

Das Restaurant, griechisch *estiatório,* ist in Hellas nicht die einzige Form des Speiselokals. Gleichberechtigt ist die *taverna,* die meist uriger eingerichtet und manchmal nur abends geöffnet ist. In der *psárotaverna* steht hauptsächlich frischer Fisch auf der Speisekarte. Viele kleine Gerichte, Muscheln, Oktopus und Schnecken sind die Spezialität des *mezedopoío.* Dieser Lokaltyp ist oft auch nach dem dort bevorzugten Getränk benannt. In der *oúzeri* ist das der Anisschnaps Ouzo, im *tsipourádiko* der Tresterschnaps *tsípouro,* im *retsinádiko* der geharzte Wein Retsína.

Kaffee und andere Heißgetränke werden in Speiselokalen nur manchmal serviert. Die traditionellen Stätten dafür sind das ursprünglich Männern vorbehaltene *kafenío,* das Kaffeehaus, und für Damen und Familien die Konditorei, das *zacharóplastío.*

Seinen Kaffee zu bestellen ist in Griechenland eine Wissenschaft für sich. Zunächst einmal hat man die Wahl zwischen dem griechischen Mokka, *kafé ellinikó,* dem heißen Instantkaffee, generell *nescafé sestó* genannt, und dem kalten, schaumig geschlagenen und mit Eiswürfeln servierten Instantkaffee, *frappé.* Beim griechischen Kaffee muss man bei der Bestellung immer gleich den gewünschten Süßegrad mit angeben, da das Wasser

Kleines Lexikon griechischer Spezialitäten

békri mezé Rinder oder Schweinegulasch in einer gut gewürzten Soße, meist mit vielen kleinen Paprikaschoten

briám, briamé Ratatouille mit viel Auberginen

brizóla Rinds- oder Schweinekotelett

choriátiki saláta Griechischer Salat aus Tomaten, Zwiebeln, Gurken, Oliven und Féta-Käse

chtipití Pürierter Féta-Käse, gemischt mit viel Knoblauch und oft auch etwas Chili

exochikó Lammfleisch, zusammen mit Gemüse und Soße in Aluminiumfolie gebacken

fáva Ein Püree aus gelben Erbsen, das mit Öl übergossen und mit Zwiebeln und Zitronensaft gegessen wird

floríni Gebratene rote, überhaupt nicht scharfe Pfefferschoten

jemistés Mit Reis und Hackfleisch gefüllte Paprikaschoten, Tomaten, Zucchini oder Auberginen

jurvalákia Die griechische Variante der Königsberger Klopse, aus Rinderhack hergestellt

juvétsi Überbackene, Reis ähnlich sehende Nudeln mit Rind- oder Lammfleisch

kafterí piperjá Scharfe grüne Pfefferschote

kefaláki Gegrillter Lammkopf

kokorétsi In Darm gewickelte, am Spieß gegrillte Innereien, meist mit Senf serviert

kolokithósupa Kürbissuppe

kotósupa Hühnersuppe

láchanodolmádes Mit Reis und Hackfleisch gefüllte kleine Kohlrouladen

lukániko Gebratene, meist sehr fette Wurst

marídes Knusprig ausgebackene Sardellen, die man mit Haut und Gräten, Kopf und Schwanz verzehrt

mialá vrastá Gekochtes Lammhirn

óktopus Krake, gegrillt, als Stew gekocht oder kalt als leicht säuerlicher Salat serviert

patsá Deftige Kuttelsuppe, in der auch Schweins- und Lammfüßchen mitgekocht werden können; wird vor allem nachts und frühmorgens gegessen

patsária Rote Beete, lauwarm mit den Pflanzenblättern als Gemüse serviert

piktí Sülze

pirovolárika Mit Lammfleisch gefüllte und mit Käse überba-ckene Auberginen, orientalisch abgeschmeckt mit Zimt und Kreuzkümmel

revithókeftédes Eine Art Reibekuchen aus Kichererbsenmehl

stifádo Meist Rinder-, manchmal auch Kaninchengulasch in einer Tomaten-Zimt-Soße mit Zwiebelgemüse

spanokópitta Mit Spinat gefüllte Strudelteigtaschen

spetsofaí Landwürste, in einer ölreichen Tomatensoße zusammen mit vielen grünen, nicht scharfen Paprika gekocht

táramosaláta Rötliches Püree aus geriebenen Kartoffeln oder aufgeweichtem Brot und Fischrogen

tirokeftédes Käsekroketten

zusammen mit dem Kaffeepulver und dem Zucker aufgekocht wird: *skétto,* ohne Zucker; *métrio,* mit etwas Zucker; *glikó,* mit viel Zucker. Griechischen Kaffee trinkt man immer ohne Milch. Wünscht man seinen heißen oder kalten Nescafé mit Milch, fügt man *mä gála* an.

Der im Ausland bekannteste griechische Käse, der auch auf keinem griechischen Salat fehlen darf, ist der *féta* (gesprochen: fätta). Das Wort bedeutet eigentlich nur Scheibe, bezeichnet aber einen frischen, in einer Salzlake marinierten Weißkäse aus Schafs- und Ziegenmilch, den es in unterschiedlichen Härtegraden gibt. *Graviéra* ist ein dem Gruyère ähnlicher Käse aus Schafs- oder Ziegenmilch. *Kefalotíri* ist ein gesalzener Hartkäse aus Ziegenmilch, der bevorzugt wie Parmesan gerieben wird. Weit verbreitet sind auch der dem italienischen Ricotta ähnelnde Quarkkäse *mizíthra* und der cremige *anthotíri* aus Schafsmilch. Meist überbacken wird unter dem Namen *saganáki* der aus Ziegenmilch hergestellte, dem Cheddar verwandte *kasséri* serviert.

Der Griechen liebstes Getränk ist Wasser. Eisgekühltes Leitungswasser bekommt man automatisch zum griechischen Kaffee und auf Wunsch auch kostenlos zum Essen. Es kann überall bedenkenlos getrunken werden. Mineralwasser ohne Kohlensäure wird als *metallikó neró* in großen Plastikflaschen angeboten. In Supermärkten und an Kiosken ist dafür seit 1996 ein Höchstpreis staatlich festgelegt, der durch Aushang bekannt gegeben sein muss. Wasser mit Kohlensäure gibt es als *sóda* meist nur in kleinen Limonadenflaschen oder Dosen.

Frisch gepresste Obstsäfte sind teuer und weitaus seltener zu finden, als man das in einem südlichen Land erwarten kann.

Die gängigsten Spirituosen sind der Anisschnaps *oúzo* und der Tresterschnaps *tsípouro.* Er wird allerdings nur selten in Hotels, dafür umso häufiger in Dorflokalen angeboten. Eine Spezialität in manchen Dörfern ist der *koúmaro,* ein Destillat aus Sanddorn.

Griechenlands Winzer haben die Qualität ihrer Weine in den letzten zehn Jahren gewaltig verbessert; die Ergebnisse übersteigen aber fast nie die Ansprüche an einen Qualitätswein mit Prädikat. Die für gute Weine bekannteste Kellerei ist die des einstigen Reeders *Carras* auf der Halbinsel Sithonía. Kleinere makedonische Kellereien mit gutem Renommee sind *Babatzim & Co., Ktima Gerovasilíou* und *Tsantalis.* Will man einen edlen Tropfen, achte man auf den Namenszusatz *cava.* Er kennzeichnet einen mindestens zwei Jahre lang gereiften Weiß- bzw. mindestens drei Jahre gereiften Rotwein guter Qualität.

Eine echt griechische Weinspezialität ist der meist weiße, manchmal auch roséfarbene *Retsína.* Diesem Wein ist pro Hektoliter maximal ein Kilogramm Harz der Aleppokiefer zugesetzt. Auf der Chalkidikí trinkt man bevorzugt Retsína aus Makedonien: *Georgiádis* oder *Malamatína.* Der Geschmack ist vielleicht gewöhnungsbedürftig – doch wer die Anfangsphase durchsteht, kann sich fortan über preiswerten Weingenuss freuen.

Boutiquen und Märkte

Vom Schafwollteppich bis zur Ikone ist alles zu haben

Für einen ausführlichen Einkaufsbummel empfiehlt sich ein Ausflug in die nahe Großstadt Thessaloníki. Da gibt es auf Märkten, in Boutiquen, Läden, Kaufhäusern und Ateliers fast alles, was Griechenland zu bieten hat. Aber auch auf der Chalkidikí selbst ist Verlockendes zu finden.

Wochenmärkte finden auf Kassándra und Sithonía täglich in wechselnden Orten statt. Die edelsten Geschäfte haben sich seit 1996 im Touristendorf Porto Sáni Village auf der Halbinsel Kassándra niedergelassen. Da gibt es erstklassige Pelze vom Edelkürschner Zachos Kevrekidis und die glitzernde Kollektion des international renommierten Juweliers Vilderidis, köstliche Pralinés und Teppiche aus aller Welt. Echt griechische Schafwollteppiche, Flokatis, kauft man am besten im Binnenstädtchen Arnéa, wo sie noch immer in Heimarbeit hergestellt werden. Aus Arnéa stammen auch viele schöne traditionelle Web- und Stickarbeiten.

Teppichladen im Bilderbuchstädtchen Arnéa

Viele Mönche auf dem Berg Áthos malen heute noch Ikonen im traditionellen Stil. Die wenigen Glücklichen, die ein Visum für den heiligen Berg erhalten, können sie dort direkt kaufen. Neue Ikonen werden aber auch in vielen Geschäften, insbesondere in Ouranópolis, feilgeboten. Dabei wird freilich oft Etikettenschwindel betrieben. Die preiswerten Ikonen, die als *handmade* gekennzeichnet sind, sind in Wirklichkeit nur per Hand hergestellte und später vergoldete Siebdrucke. Echte, handgemalte Ikonen sind mit *hand painted* gekennzeichnet und kosten mehrere hundert Mark.

Preiswerten Silberschmuck bieten viele Juweliere an. Nur selten aber ist er vor Ort hergestellt worden. Eine der wenigen Ausnahmen gibt es in Sárti auf der Halbinsel Sithonía.

In den Touristenzentren und in kleinen Dörfern sind die meisten Geschäfte täglich bis spätabends geöffnet. In den Städten sind sie sonntags sowie nachmittags zwischen 14 und 17 Uhr geschlossen und an drei Tagen pro Woche noch einmal von etwa 17 bis 20 Uhr geöffnet.

Gäste sind willkommen

Kirchweihfeste gibt es zu jeder Jahreszeit, Kulturfestivals im Sommer

Für den Einzelnen ist der Namenstag das bedeutendste jährlich wiederkehrende Fest. Besonders groß gefeiert werden Hochzeiten und Taufen. Die Feiern finden meist in einer Taverne statt. Mehrere Hundert Gäste einzuladen ist völlig normal.

Noch viel mehr Menschen strömen zusammen, wenn ein Ort oder auch eine fernab eines Dorfes gelegene Kirche ihr Kirchweihfest, das *panijíri,* feiert. Manchmal dauert es tagelang, manchmal nur einen Tag. Der Termin orientiert sich am Patronatstag des jeweiligen Ortsheiligen. Schon am Vorabend wird auf dem Dorfplatz mit Musik und Tanz gefeiert. Am Tag des Heiligen bildet der Gottesdienst das zentrale Ereignis, an den sich manchmal eine Prozession anschließt, bei der die Ikone des Heiligen durch den Ort oder über die Felder und durch die Olivenhaine getragen wird. Abends steht dann wieder das weltliche Vergnügen im Vordergrund. Urlauber sind dabei als Gäste herzlich willkommen.

Ostergottesdienst auf dem Áthos

Mehrtägige Kirchweihfeste sind häufig auch mit kulturellen und sportlichen Veranstaltungen verbunden. Kulturelle Höhepunkte jeden Sommers sind zwei Festivals auf der Kassándra.

GESETZLICHE FEIERTAGE

1. Januar *Neujahrstag*
6. Januar *Dreikönigsfest*
25. März *Nationalfeiertag*
1. Mai *Tag der Arbeit*
15. August *Mariä Entschlafung*
28. Oktober *Nationalfeiertag*
25./26. Dezember *Weihnachten*

BEWEGLICHE FEIERTAGE

Die beweglichen Feiertage richten sich nach dem Julianischen Kalender und fallen daher nur ausnahmsweise mit unseren gleichnamigen Feiertagen zusammen. Hier die kommenden Termine:

Rosenmontag 26. 2. 2001, 18.3. 2002, 10.3.2003
Karfreitag 13. 4. 2001, 3. 5. 2002, 25.4.2003
Ostermontag 16. 4. 2001, 6. 5. 2002, 28.4.2003
Pfingstmontag 4. 6. 2001, 25. 6. 2002, 16.6.2003

An gesetzlichen Feiertagen bleiben die meisten Geschäfte geschlossen. Museen und archäologische Stätten sind am 1. Januar, 25. März, Ostersonntag, 1. Mai und 25./26. Dezember nicht und am Karfreitag und Heiligabend nur morgens geöffnet.

Karneval

Fasching wird überall in Griechenland gefeiert. Insbesondere am letzten Karnevalswochenende sind viele Tavernen mit Girlanden geschmückt, laufen vor allem Kinder kostümiert durch die Straßen. Der beste Ort der Chalkidikí, um den Karnevalssonntag zu erleben, ist Polýgyros. Am Rosenmontag lässt man überall in Griechenland Drachen steigen und fährt zum Picknick aufs Land.

Karfreitag

Am Morgen wird in der Kirche das symbolische Grab Christi, der *Epitaphios,* von Frauen und Mädchen mit Blumen geschmückt. Am Abend, meist gegen 21 Uhr, wird der Epitaph dann in feierlicher Prozession durchs Dorf getragen.

Ostern

★ Ostern ist das bedeutendste Fest des Jahres. Es beginnt gegen 23 Uhr am Ostersamstag mit einem Gottesdienst. Kurz vor Mitternacht verlöschen alle Lichter bis auf eines. Dann verkündet der Priester die Auferstehung Christi. Jeder entzündet eine mitgebrachte Kerze, Feuerwerkskörper explodieren wie bei uns zu Silvester. Nach Hause zurückgekehrt, isst man die traditionelle Ostersuppe *Margirítsa* und meist rot angemalte Ostereier. Am Ostersonntag drehen sich dann überall Lämmer und Zicklein unter freiem Himmel am Spieß.

Nationalfeiertage

Am 25. März gedenkt man des offiziellen Beginns des griechischen Freiheitskampfes gegen die Türken 1821. Der 28. Oktober ist der Erinnerung an den Tag im Jahr 1940 gewidmet, an dem Griechenland ein Ultimatum Mussolinis ablehnte und dadurch in den Zweiten Weltkrieg hineingezogen wurde. An den Paraden an beiden Tagen nehmen viele Schüler in traditionellen Trachten teil.

KULTURFESTIVALS

Um kulturelle Veranstaltungen während des Hochsommers bemüht sich jede größere Gemeinde Griechenlands. Eine ganze Reihe solcher Ereignisse werden auf der Halbinsel Kassándra organisiert:

Ende Juni bis Ende August: ★ Kassándra-Festival. Etwa 20 Veranstaltungen in einem modernen Freilichttheater beim Dorf Sivíri. Meist werden antike und moderne Dramen in griechischer Sprache aufgeführt, außerdem gibt es Konzerte mit klassischer und griechischer Musik, Ballettabende und einen Opernabend. Karten erhält man an der Abendkasse sowie am Festivalkiosk auf der Platía von Sivíri. Auskunft: *Kassándra Festival Office, Tel. 0374/ 233 68, Fax 239 97.*

Anfang Juli bis Anfang September: Sáni Festival. Die vom Sáni Beach Holiday Resort privat organisierte Veranstaltungsreihe bietet an etwa zwölf Abenden Konzerte mit griechischer und klassi-

MARCO POLO TIPPS FÜR FESTE

1 **Kassándra-Festival**
Musik und Theater unterm Sternenhimmel bei Sivíri (Seite 26)

2 **Jahrmarkt in Ágios Mámas**
Der größte auf der Chalkidikí, verbunden mit einem fröhlichen Kirchweihfest (Seite 27)

3 **Kirchweihfest in Ormýlia**
Viel Folklore und die Inszenierung einer traditionellen Dorfhochzeit (Seite 27)

4 **Ostern**
Gottesdienst und Feuerwerk in der Osternacht überall im Lande (Seite 26)

scher Musik sowie Kunst- und Fotoausstellungen auf dem Gelände des Hotels Sáni Beach. Auskunft: *Sáni Beach Holiday Resort, Festival Office, Tel. 0374/312 31, Fax 312 93.*

Mitte Juli bis Ende August: Um eine Aufführung in einem antiken Theater miterleben zu können, müssen Sie einen Ausflug nach Phílippi bei Kavála unternehmen und dort auch übernachten. Programmauskunft: *Griechische Zentrale für Fremdenverkehr, Kavála, Tel. 051/22 87 62, Fax 22 38 85.*

LOKALE FESTE

Die Liste der örtlichen Kirchweihfeste ist fast endlos. Hier sind die wichtigsten und für die Urlauber interessantesten in einer Auswahl zusammengestellt:

2. Mai: Kirchweihfest in Néa Ólynthos. Musik und Tanz unmittelbar vor der Kirche.

21. Mai: Kirchweihfest in Ouranópolis mit Radrennen.

25./26. Juni: Großes Kirchweihfest in einem Eichenwald am Stadtrand von Arnéa mit Musik, Tanz und buntem Jahrmarkt.

Ende Juni: Einwöchiges ★ Kirchweihfest in Ormýlia. An mehreren Abenden Volkstanz und Musik, am Wochenende vor dem 29. Juni abends Inszenierung einer traditionellen Dorfhochzeit.

7./8. Juli: Muschelfest in Olympiáda. Muscheln kostenlos für jedermann.

Mitte Juli: Sardellenfest in Néa Moudaniá, mit Musik, Tanz und kostenlosen Sardellen für alle.

20. Juli: Kirchweihfest in Ierissós. Allen Anwesenden werden kostenlos traditionelle Speisen gereicht.

26. Juli: Kirchweihfest der hl. Paraskevi im Wäldchen bei Arnéa.

15. August: Kirchweihfeste in vielen Dörfern mit Marienkirche. Besonders schön mit Musik und Tanz in Áfytos, Kryopigí, Megáli Panagiá, Olympiáda, Palioúri und Sárti.

1.–3. September: ★ Kirchweihfest mit großem Jahrmarkt beim Dorf Ágios Mámas. Besucher strömen aus der gesamten Chalkidikí hierher, um Freunde und Bekannte zu treffen.

17. November: Kirchweihfest mit Musik und Tanz in Pefkochóri.

Lange Strände und große Hotels

An der Ostküste herrscht viel Trubel, im Westen wird es ruhiger

Der Mensch hat aus der Halbinsel Kassándra eine echte Insel gemacht. Schon vor 1900 Jahren trennte ein Kanal den westlichsten Finger der Chalkidikí vom Festland. Heute ist er 1250 m lang, 40 m breit und 8 m tief. Bis 1967 konnte man ihn nur auf einer Fähre überqueren, die an einem Drahtseil übers Wasser gezogen wurde. Jetzt quert man ihn auf einer hohen Brücke und ist sogleich im ersten Ort der Kassándra, in Néa Potidéa (Nea Potidäa).

Die Kassándra ist der touristisch am intensivsten erschlossene Finger. Hier stehen die meisten Großhotels mit über 1000 Betten, liegen die Urlaubsorte viel dichter zusammen als auf der Sithonía. Aber auch hier finden Sie Unterkünfte in kleinen Pensionen und Apartmenthäusern. Typisch für die Kassándra sind ihre kilometerlangen Sandstrände und die nur leicht gewellten Ebenen im Binnenland. Dort wird auf großen Feldern vorwiegend Weizen angebaut. Hohe Berge fehlen; der vorwitzigste Hügel steigt gerade einmal auf 353 m Höhe an. Wo kein Weizen wächst, gedeihen Olivenbäume und Kiefern, deren Harz im Sommer gezapft wird. Die Winzer brauchen es zur Herstellung des Retsína-Weins. Mehrere Küstenorte besitzen Fischereihäfen, über die Tavernen,

Aristotelesstrand: typisch für die Küste der Kassándra

Hotel- und Restaurantpreise

Hotels
Kategorie 1: 17 000–40 000 Drs.
Kategorie 2: 10 000–17 000 Drs.
Kategorie 3: 5000–10 000 Drs.
Die Preise gelten für zwei Personen im Doppelzimmer ohne Frühstück in der Hauptsaison pro Nacht.

Restaurants
Kategorie 1: über 3000 Drs.
Kategorie 2: 2200–3000 Drs.
Kategorie 3: unter 2200 Drs.
Die Preise gelten für ein Essen mit Fleischgericht, Beilagen, Salat und einer halben Flasche Tafelwein.

Hotels und Bevölkerung ständig mit frischem Fisch versorgt werden können.

Hauptort der Kassándra ist der Binnenort Kassandría. Er trägt den Namen einer antiken Stadt, die nach ihrem Gründer, dem makedonischen König Kassándros, benannt worden war. Sie lag allerdings an der Stelle des heutigen Néa Potidéa. Nach ihr wurde auch die zuvor Pallene geheißene Halbinsel in Kassándra umbenannt.

ÁFYTOS/KALLITHÉA

★ Áfytos (840 Ew., **120/B 3**) ist eins der schönsten Dörfer der Chalkidikí, das nur 3 km entfernte Kallithéa (**120/C 3**) hingegen Geschmackssache. Während in Áfytos noch viele schöne, aus unverputztem Naturstein erbaute Häuser aus dem letzten Jahrhundert stehen, ist Kallithéa vom Massentourismus geprägt. Gesichtslose Betonneubauten beherrschen den Ortskern, der wie der von Áfytos auf einer Anhöhe über dem Meer liegt. Am Strand von Kallithéa stehen vielgeschossige Mammuthotels, während man in Áfytos nur harmonisch in die Landschaft eingepasste, kleine Hotelanlagen findet. Mit seinem rechtwinkligen, modern gepflasterten Fußgängerstraßennetz und dem gepflegten kleinen Park über der Küste gehört Kallithéa aber dennoch zu den angenehmen Touristenzentren am Mittelmeer.

Das unterschiedliche Aussehen der beiden Orte hat historische Gründe. In der Antike gehörte das Gebiet von Kallithéa zur schon im 8. Jh. v. Chr. von euböischen Kolonisten gegründeten Stadt Áfytos. Der Ort blieb ununterbrochen besiedelt. 1821 von den Türken zerstört, erbaute man ihn kurz darauf neu. Auf dem Gebiet von Kallithéa hingegen lagen nur einige Heiligtümer; eine Siedlung wurde dort

Am Strand von Áfytos starten im Juli Langstreckenschwimmer

MARCO POLO TIPPS FÜR DIE KASSÁNDRA

1 **Yaloo Beach Bar**
Elegante Cocktailbar unmittelbar am Strand von Sivíri (Seite 45)

2 **Schildkrötensee**
Ein Naturidyll mitten im Wald (Seite 35)

3 **Sáni Beach Holiday Resort**
Luxuriöse Unterkünfte vom Zimmer bis zur Villa (Seite 43)

4 **Sousourada**
Kreative griechische Küche und gute Weine zu angemessenen Preisen (Seite 33)

5 **Kassandrinó**
Ein Bergdorf mit guten Tavernen (Seite 45)

6 **Áfytos**
Ein Dorf mit vielen schönen alten Häusern (Seite 30)

7 **Goniá Tis Soúlis**
Taverne mit Dorfatmosphäre und Livemusik in Pefkochóri (Seite 36)

8 **Panagía Faneroméni**
Eine Kapelle mit angeblich wundertätiger Ikone direkt am Meer (Seite 38)

erst 1922 durch Flüchtlinge aus Kleinasien gegründet.

Was die Übernachtungszahlen betrifft, läuft Kallithéa Áfytos heute bei weitem den Rang ab. Wer Beschaulichkeit, Flair und die kosmopolitische Atmosphäre eines sommerlichen ★ Dorfplatzes schätzt, wird sich in Áfytos wohler fühlen. Wer mehr Wert auf Shopping und Nightlife legt, ist hingegen in Kallithéa besser aufgehoben.

BESICHTIGUNGEN

Dimitrios-Kirche

Die 1858/59 aus Naturstein erbaute Dorfkirche von Áfytos besitzt innen schöne Holzschnitzarbeiten und am Glockenturm durch ihre Naivität reizvolle Reliefs. Das schönste zeigt zwei Menschen, die zwischen sich ein Gebäude, wahrscheinlich ein Modell der Kirche, halten. Unmittelbar vor der Kirche wurden 1996 bei Ausschachtungsarbeiten auf der Dorfstraße zufällig Überreste der antiken Stadt Áfytos gefunden, darunter mehrere Tongefäße, die Knochen und Schädel enthielten. Das winzige Ausgrabungsareal wurde inzwischen zwar wieder zugeschüttet; geblieben aber ist der Stolz auf diesen Beweis für das hohe Alter des Dorfes. Man hofft, dass weitere Grabungen im Ort in den nächsten Jahren Eindrucksvolleres zutage fördern werden. Dafür würde man sogar die Dorfstraße opfern. *Meist abends ab 18 Uhr geöffnet*

Steinmetzarbeiten

In Áfytos fallen überall Reliefs und Skulpturen aus dem lokalen Kalkstein auf. Sie sind das Werk des 1996 zum Bürgermeister gewählten Bildhauers Vassílis Pávlis. Seinem Engagement ist es auch zu verdanken, dass neue Natursteinmauern mit alten Mühlsteinen verziert werden. Sie tragen wesentlich zur Schönheit des Ortes bei.

Tempel des Ammon Zeus

Die bislang bedeutendste archäologische Stätte der Kassándra liegt arg verwahrlost in einem verwilderten Garten am Strand von Kallithéa. Es handelt sich dabei um die Fundamente eines Tempels aus dem späten 4. Jh. v. Chr. Er war im dorischen Stil erbaut worden und dem ägyptischen Gott Ammon geweiht, den die Griechen mit ihrem Göttervater Zeus gleichsetzten – daher der Doppelname. Die Ausgrabungen fanden um 1970 statt. Die dabei gemachten Funde sind jetzt im Archäologischen Museum von Polýgyros ausgestellt. Vor Ort erkennt man außer dem aus mächtigen Steinblöcken zusammengesetzten Tempelunterbau nur noch zwei in Richtung Hotel Ammon Zeus vorgelagerte Fundamentreste, die einst steinerne, im Ansatz stellenweise noch sichtbare Stufenreihen trugen. Auf ihnen nahmen die Menschen Platz, um an den Opferhandlungen teilzunehmen, die auf einem Altar zwischen den beiden Zuschauerrängen vollzogen wurden. Vom Strandhotel Ammon Zeus aus geht man den Strand entlang am Hotel vorbei und an der sich anschließenden Mauer entlang. Wo sie endet, biegt man sofort nach links auf die Rampe zur neuen Uferpromenade ab, geht 2 m weiter links 5 Stufen hinauf und gelangt durch ein rostiges Tor auf die Gartenterrasse, auf der die Tempelreste zwischen kleinen Linden und Pistazienbäumen stehen. Festes Schuhwerk und lange Hosen sind zu empfehlen, da es hier Schlangen gibt!

RESTAURANTS

Hallas

Restaurant mit Dachterrasse an der Hauptstraße der Fußgängerzone. Große Auswahl an griechischen Gerichten und Steaks. *Kallithéa, Kategorie 2*

Guter Stil: Hotel Aristoteles Beach zwischen Áfytos und Néa Fokéa

Kivotos ton Gefseon
Das 1999 neu eröffnete Restaurant zwischen schönen Natursteinmauern nennt sich übersetzt etwa »Schatztruhe des guten Geschmacks«. Unterm Sternenhimmel werden auch kleine Köstlichkeiten serviert. *Áfytos, im Zentrum, ca. 70 m vom Dorfplatz, Kategorie 3*

Sousourada
★ Gepflegte Taverne gleich neben dem Bäcker. Der gut Englisch sprechende Wirt ist selbst Koch. Über 60 Weine stehen auf der Karte; dem Käseangebot gilt seine besondere Aufmerksamkeit. *Tgl. ab 18 Uhr, Áfytos, von der Dorfkirche dem Schild zum Strand folgen, erste Straße rechts*

EINKAUFEN

In Áfytos gibt es nur wenige Souvenirgeschäfte, umso mehr dafür in der Fußgängerzone von Kallithéa.

HOTELS

Afitis
Am Strand von Áfytos gelegenes, zweigeschossiges Hotel mit Ziegeldach und eigener biologischer Kläranlage. Pool, Tennisplatz. *70 Zi., Tel. 0374/912 33, Fax 915 46, Kategorie 1*

Aristoteles Beach
Zwischen Áfytos und Néa Fokéa ruhig oberhalb der Küstenstraße gelegenes Hotel mit einem viergeschossigen Haupthaus und fünf zweigeschossigen Nebenhäusern. Poolterrasse mit phantastischem Meerblick; zum fast nur von Hotelgästen genutzten Strand führen ein Lift und eine Treppe. Nur mit Halbpension. *200 Zi., Tel. 0374/915 68, Fax 911 24 , Kategorie 1*

Ammon Zeus
In Kallithéa. Fünfgeschossiges Strandhotel mit kleinem Süßwasserpool unterhalb des Ortszentrums. *126 Zi., Tel. 0374/223 56, Fax 232 32, Kategorie 1*

Ikaros
In Áfytos. Kleines, familiär geführtes Apartmenthaus am Steilufer, nur 5 Minuten vom Strand und 2 vom Ortszentrum entfernt. Von der Dorfkirche dem Schild zum Strand folgen, zweite Straße rechts. *Tel. 0374/912 33, Kategorie 3*

SPORT

Alle Arten von Wassersport (außer Tauchen mit Sauerstoffflaschen) vor den großen Hotels. Mitte Juli veranstaltet der Jugendkulturverband *Sithon* seit 1971 ein Langstreckenschwimmen von Áfytos nach Nikítas auf der Sithonía. Wer die 25 km mitschwimmen möchte, muss sich spätestens bis zum 31. Mai angemeldet haben. *Informationen versenden der Deutsche Schwimm-Verband in Kassel, Tel. 0561/94 08 30, und E. E. NN. Sithon, GR-30088 Nikíti/Chalkidikí.*

AM ABEND

Ahoy
In Kallithéa. Open-Air-Disko außerhalb des Ortszentrums im Hinterland des Mammuthotels Áthos Palace.

Fortuna Bar
Bar in Áfytos. Zwei Terrassen über dem Steilufer mit gemäßig-

ter Popmusik und schönem Blick auf den Strand und die Bergketten im chalkidischen Binnenland. In der Zeit der Dämmerung am stimmungsvollsten. *Ganztags geöffnet, vom Dorfplatz dem Steiluferweg nach links ca. 200 m weit folgen*

To Spitaki

In Kallithéa. Cafeteria mit mehreren Terrassen am Steilufer über dem Hotel Ammon Zeus. Relativ ruhig, schöner Blick auf die Sithonía. *Zugang vom Park an der Hauptstraße im Zentrum*

Varelladiko

Sommer-Bouzouki, in der während der kurzen Hochsaison abends griechische Livemusik gespielt wird, zu der Griechen und Touristen tanzen. Getrunken wird vor allem Whisky. *Neben der Disko Ahoy*

AUSKUNFT

Afitos Holidays Travel

Áfytos, in der Nähe der Kirche, Tel. 0374/915 00, Fax 911 50

Penta Travel

Kallithéa, An der Hauptstraße, Tel. 0374/224 50, Fax 224 57

ZIELE IN DER UMGEBUNG

Kassandría (120/B 4)

Der auch Kassandreía geschriebene Hauptort des Landkreises Kassándra (2540 Ew.) liegt 4 km von Kallithéa entfernt im Binnenland. Am interessantesten ist er dienstagmorgens, wenn hier ein großer Wochenmarkt stattfindet. Auf über 500 m Länge sind dann die Stände von Bauern und fahrenden Händlern entlang der Hauptgassen aufgereiht. Ansonsten bummelt man durch die Gassen, sieht mehrere Häuser aus dem letzten Jahrhundert und mit etwas Glück den frühchristlichen Reliefbogen über der Westtür der Pfarrkirche. Er wurde im 7. Jh. für die Kirche des hl. Demetrios in Thessaloníki gemeißelt. Man bekommt ihn aber nur zu Gesicht, wenn die Kirche geöffnet ist. *Keine festen Öffnungszeiten, 5 km von Áfytos*

Kryopigí (Kryopiji) (120/C 4)

Kryopigí (460 Ew.) liegt an einem Hang etwa 1 km vom Meer entfernt. Obwohl im 18. Jh. gegründet, bietet es kaum noch alte Bausubstanz. Zum unverbauten Sandstrand Pigadákia Beach führt eine ausgeschilderte Straße. An

Knorrige Olivenbäume

Auf der Chalkidikí weiß man, warum alte Olivenbäume manchmal so aussehen, als würden sich zwei Stämme innig umeinander winden. Man erzählt sich, Göttervater Zeus sei einmal hungrig über die Chalkidikí gewandert, aber niemand habe ihm zu essen gegeben. Nur ein altes Ehepaar, das selbst meist hungrig zu Bett ging, teilte mit ihm den letzten Happen. Zeus bedankte sich auf seine Art: Die beiden bekamen einen Wunsch frei. Zusammen zu sterben, war ihr einziges Begehren. Als ihr Tag gekommen war, verwandelte der Göttervater sie in zwei alte, knorrige Olivenbäume, deren Stämme sich innig umschlingen.

Schön anzuschauen: die alten Häuser aus dem 19. Jh. in Áfytos

der liegt zwischen Ort und Strand das ruhige *Hotel Ka-La* am Waldrand. An dessen Pool fühlt man sich fast wie in einem Waldschwimmbad *(20 Studios, Tel. 0374/516 03, Fax 524 80, Kategorie 2)*. In Kryopigí beginnt ein ausgeschilderter Rundwanderweg, der in etwa 5 Stunden nach Kassandrinó und wieder zurück führt. *8 km von Áfytos*

Schildkrötensee (120/C 4)

★ Ein Naturidyll verbirgt sich in den Kiefernwäldern zwischen Kryopigí und dem Kamm des Höhenrückens der Kassándra. Zwischen hohen, vom Wind gezeichneten Bäumen hat sich in einer etwa 100 m langen, 10 m breiten Senke ein kleiner See gebildet. In der Verlandungszone wachsen Binsen, am Ufer wuchert Farnkraut. Unzählige Libellen schwirren herum, Frösche quaken. Mit viel Glück sieht man eine Wasserschlange, mit etwas Geduld eine der vielen Schildkröten, die im See leben. Picknicktische und Bänke laden zum Verweilen ein.

Die Zufahrt zum See ist nicht beschildert. Fährt man von Kallithéa auf der Küstenstraße in Richtung Pefkochóri, zweigt kurz hinter der Kilometertafel 33 eine Straße nach rechts oben ab. An der Abzweigung steht ein nur auf griechisch beschrifteter Wegweiser *(Ergostassio Kassandrinou)*. Folgt man dieser Straße, die anfangs unbefestigt, später asphaltiert ist, kommt man nach 1,9 km auf eine Passhöhe. Hier führen nach links zwei gut befahrbare Wirtschaftswege ab. Man wählt den steil bergan führenden. 1,4 km weiter hält man sich an einer Verzweigung rechts. Nach 500 m geht es auf einem zweiten Feldweg, genau gegenüberliegend dem gelben Wegweiser nach Polychrono, rechts steil bergan. 700 m weiter liegt rechts der Piste der Schildkrötensee. Mit normalem PKW kehren Sie besser auf gleichem Weg zur Asphaltstraße zurück. Mit Jeep oder Motorrad

können Sie dem Feldweg weiter folgen und gelangen so nach Kassandrinó, wo auch die Asphaltstraße hinführt.

Schiffsausflüge

Falls das Spielkasino in Pórto Carrás geöffnet ist, wird eventuell mehrmals täglich eine Schiffsverbindung von Kallithéa dorthin angeboten.

CHANIÓTIS/ PEFKOCHÓRI

Chaniótis (530 Ew., **121/E 5**) und Pefkochóri (1150 Ew., **121/D 5**) sind zwei für Griechenland sehr untypische Orte. Hier wurden Bausünden begangen, die inzwischen selbst viele Einheimische schmerzen. Im neuen Ortskern von Pefkochóri wurde der breite Uferstreifen zwischen Hauptstraße und Strand so eng mit Apartmenthäusern bebaut, dass durch viele Fenster kaum noch Tageslicht dringt. Zwischen den Häusern gibt es manchmal nur armlange Lücken. Trost ist hier das ältere Dorf auf der anderen Seite der Hauptstraße. Chaniótis ist nicht ganz so dicht bebaut, lebt aber ebenfalls nur vom Massenbetrieb. Hier erfreut eine bis zu 60 m breite Park- und Gartenanlage entlang des Strandes das leidgeprüfte Auge. Beide Orte sind bestenfalls Urlaubern zu empfehlen, die sich auch im spanischen Lloret de Mar oder im italienischen Rimini wohl fühlen.

Pefkochóri bestand schon im 18. Jh., Chaniótis wurde am heutigen Platz erst nach 1935 angelegt. Vorher gab es ein Dorf gleichen Namens 2 km weiter landeinwärts.

BESICHTIGUNG

Altes Pefkochóri

Die beiden fast unmittelbar aneinander grenzenden Plätze im alten Ortskern von Pefkochóri sind 1996 ansprechend neu gestaltet worden. Auf den überall auf der Kassándra in Mode gekommenen rotgrauen Pflastersteinen hat man Springbrunnen angelegt, dazwischen Bäume und Sträucher gepflanzt. So wirken das kleine historische Rathaus und die Kirche *Agios Athanássios* noch idyllischer. Die Kirche wurde Mitte des 19. Jhs. erbaut und besitzt eine blau angestrichene Holzikonostase mit Ikonen aus dem 19. Jh. Die ebenfalls blau gehaltene Decke mit aufgemalten Sternchen symbolisiert den Himmel. Auf drei Seiten läuft eine Empore um, auf der sich früher während des Gottesdienstes die Frauen aufzuhalten hatten. Heute finden hier nur noch im Winter Gottesdienste statt; im Sommer werden sie in der nahen neuen Kirche *Kímisis tis Theotókou* zelebriert. *Alte Kirche meist ab 18 Uhr geöffnet, sonst Schlüssel im Restaurant Villa Elia. Platía Ríga Rigáki, von der Ampelkreuzung an der Hauptstraße durch die Odós Emmanouil Pápa zu erreichen*

RESTAURANT

Goniá Tis Soúlis

★ Taverne vor der Kirche im alten Ortskern von Pefkochóri. Hier herrscht noch echte Dorfatmosphäre. Sehr große Auswahl, darunter auch Suppen. Im Hochsommer freitags und samstags ab 20 Uhr griechische Livemusik und Folkloretänze. *Tgl. ab 16 Uhr, Platía Ríga Rigáki, Kategorie 2*

HOTEL

Petridis
Abseits des Trubels oberhalb des alten Dorfkerns von Pefkochóri in einem Neubaugebiet gelegen. Von Bäumen umstandener Pool. *50 Zi., Tel. 0374/616 03, Fax 617 34, Kategorie 2*

SPORT

Gokartbahn, Reitstall und alle Arten von Wassersport. Eine deutschsprachige Tauchschule hat ihren Sitz im *Hotel Hanioti Village, Tel. 0374/521 15, Fax 530 48*

ZIELE IN DER UMGEBUNG

Glarokavós **(121/E 5)**
Der flache Küstensee von Glarókávos, 4 km südöstlich von Pefkochóri gelegen, dient heute Fischerbooten und Yachten als sicherer Hafen. Seeseitig wird er von zwei schmalen, lang gestreckten Landzungen umschlossen, zwischen denen eine nur etwa 20 m breite Öffnung die Verbindung zum Kassandrischen Golf herstellt. Die beiden Landzungen mit ihren Stränden werden bevorzugt von griechischen und osteuropäischen Campern besucht. Da die Landzungen nicht der Gemeinde, sondern dem Staat gehören, findet hier keine Abfallbeseitigung statt. Deshalb muss man die Hinterlassenschaften der Zeltenden vieler Jahre noch immer betrachten. Trotzdem wird hier gebadet.

Palioúri (Paliurion) **(121/E 6)**
Das 10 km von Pefkochóri entfernte Binnendorf Palioúri (730 Ew.) liegt an einem Hügel etwa 120 m hoch über dem Meeresspiegel. Unterhalb der Dorfkirche steht auf dem Platz vor dem Rathaus das Fragment eines römischen Sarkophags mit der Reliefdarstellung zweier Greifen und eines nackten Knaben. Der über 1 km lange Strand von Palioúri liegt an der Ostküste. Er ist noch weitgehend unverbaut. Ganz in seiner Nähe liegt das sehr familienfreundliche, von Kiefernwald umgebene Hotel *Chrousso Village* mit 80 Apartments für bis zu 4 Personen, Tennisplatz und je einem Süß- und Meerwasserpool *(Tel. 0374/923 32, Fax 921 51, Kategorie 1)*.

Panagía-Strand/
Ágios Nikólaos **(121/F 6)**
Auf der Spitze der Kassándra-Halbinsel stehen nur einige Sommerhäuser; richtige Siedlungen fehlen. An der Ka-Oil-Tankstelle an der Kassándra-Rundstraße am unteren Ende von Palioúri zweigt eine asphaltierte Straße dorthin ab. Hält man sich nach 1 km an der ersten Gabelung links (kleiner, nur griechisch beschrifteter Wegweiser nach Panagía) und biegt dann nach 900 m wieder links zur Küste ab, endet der Weg vor dem kuriosen Strandlokal *Avaton.* Mitten in die Einöde hat der Bauherr hier 1996 ein Freiluftgelände mit Bars, Restaurant, Strandterrasse und Open-Air-Theater gesetzt, das voller Erinnerungen an die Antike ist. Fresken zieren viele Wände, ein Tempel ist nachgebaut, überall stehen neue Säulenstümpfe und Statuen herum. Unbestritten schön ist die kleine Ziegeldachkirche am riesigen Parkplatz. Sie ist der Panagía geweiht und stammt aus dem 18. oder 19. Jh.

Fährt man nun die 300 m zurück zur letzten Gabelung und dort links weiter und hält sich auch bei den nächsten beiden Gabelungen links, erreicht man nach 6,3 km die kleine Bucht von Ágios Nikólaos mit der gleichnamigen, künstlerisch bedeutungslosen Kapelle auf einer Landzunge zwischen zwei Buchten. Östlich davon ist *Kap Kanastréo* (auch: *Kánistro)* zu sehen, die Nordostspitze der Halbinsel.

Polýchrono **(121/D 4)**
Polýchrono (830 Ew.) wirkt im Gegensatz zu Chaniótis wie ein bescheiden gewachsener Küstenort, der noch Luft zum Atmen lässt. Blumenrabatten und Lokale säumen die lange, schmale Uferpromenade, die leider auch für Kraftfahrzeuge freigegeben ist.

Schiffsausflüge
Kleine Linienschiffe verbinden Pefkochóri mehrmals täglich bis nach Mitternacht mit Pórto Carrás und Néos Marmáras auf der Sithonía. Mit Tragflügelbooten kann man im Sommer täglich Tagesausflüge zu den Inseln *Skiáthos* und *Skópelos* unternehmen, den Hauptinseln der nördlichen Sporaden.

KALÁNDRA/ NÉA SKIÓNI

Der Küstenstreifen zwischen dem Binnendorf Kalándra (610 Ew., **120/B 5**) und dem Fischereihafen Néa Skióni (830 Ew., **121/D 6**) ist der touristisch am wenigsten erschlossene Teil der Kassándra. Neue Häuser gibt es hier dennoch jede Menge: vor allem großzügige Villen wohlhabender Städter aus Thessaloníki. Ausländische Reisende sind fast nur am Rande zu finden: auf dem kleinen Landvorsprung westlich von Kalándra und in *Loutrá Agíou Nikólaou* südöstlich von Néa Skióni.

BESICHTIGUNGEN

Panagía
1 km westlich von Kalándra steht auf einer kleinen Anhöhe, fürs geübte Auge weithin sichtbar, die kleine Kapelle der Allheiligen, der Panagía. Ein gut befahrbarer Feldweg führt hin. Vor der weißen Kapelle mit ihrem roten Ziegeldach ist zwischen zwei Zypressen eine Kette gespannt, an der die Kirchenglocke hängt. Die Kirche selbst ist verschlossen, doch durch die verglaste Tür kann man einen Blick hinein werfen. Man erkennt, dass innen Holzpfeiler das niedrige Dach stützen und sieht, dass die Kapelle nahezu vollständig ausgemalt ist. Die Fresken stammen aus dem Jahr 1619. Der Weg zur Kapelle zweigt von der Straße Kalándra–Possídi nach rechts ab. Man folge dem Wegweiser zur Kreatagora, einem Fleischgroßmarkt. Wer in die Kirche hinein will, muss in Kalándra den Dorfpriester suchen und ihn bitten, mitzukommen. Wenn er Zeit hat, wird er es tun, erwartet dafür aber ein Trinkgeld von mindestens 1000 Drs.

Panagía Faneroméni
★ Die kleine Kapelle 1500 m nach dem Ortsendeschild von Néa Skióni steht äußerst fotogen unmittelbar unterhalb der Küstenstraße am Meer. Zwischen Kirche und Strand lädt eine Terrasse mit blauen Holzbänken zur

Rast ein. Sie ist insbesondere beim Kirchweihfest am 23. August gut gefüllt. Die Kapelle aus dem 16. Jh. gehörte bis 1881 zu einem Kloster und wurde im 17. Jh. mit teilweise erhaltenen Wandmalereien ausgestattet. Die in der Kapelle verehrte Ikone der Gottesmutter, auf verputzten Marmor gemalt, gilt als besonders wundertätig. Nach dem Volksglauben schwamm sie von Thessalien aus hierher. In der Ikone meint man noch die Fußabdrücke eines Türken zu sehen, der nicht glauben wollte, dass Marmorikonen schwimmen können, und deswegen auf sie trat. Wenn Griechenland etwas Böses widerfährt, weint die Ikone, wie eine Schrifttafel in der Kapelle berichtet. Letztmals soll sie 1993 Tränen vergossen haben, als die ehemals jugoslawische Teilrepublik Makedonien Besitzansprüche auf Thessaloníki erhob. *Tagsüber frei zugänglich*

Die Kapelle Panagía Faneroméni steht direkt am Meer

RESTAURANT

I Elia

In Néa Skióni. Taverne mit schattigem Garten direkt am Strand. Sehr freundlicher Service, exzellenter Auberginensalat. Tresterschnaps Tsípouro, Retsína und Rotwein vom Fass. *Vor der Mole stehend links den Strand entlanggehen, Kategorie 3*

HOTEL

Mendi

Abseits der Küstenstraße von Kalándra nach Néa Skióni. Völlig ruhig in einem traumhaft schönen Garten mit Olivenbäumen, Palmen, Agaven, Araukarien und Oleander oberhalb eines 3,5 km langen Strandes gelegen. Pool, Tennisplatz, Minigolf, eigener Moped- und Autoverleih. *172 Zi., Tel. 0374/413 23, Fax 413 26, Kategorie 2*

ZIELE IN DER UMGEBUNG

Agía Paraskeví **(121/E 6)**

Das Binnendorf zwischen den beiden Küsten der Kassándra liegt abseits der Hauptstraße und wird von Fremden nur selten besucht. Am nördlichen Ortsrand beginnt ein mit »Route K4« ausgeschilderter Wanderweg, der in etwa 4 Stunden nach Chaniótis und Néa Skióni oder in 6 Stunden nach Kassandrinó führt.

Loutrá (Lutra) **(121/D 6)**

Der kleine Badeort unterhalb der Hauptstraße ist ideal für einen beschaulichen Urlaub. Man

wohnt sehr gut im familiären, fast völlig von Bougainvilleen umrankten *Hotel Loutra Beach (22 Zi., Tel. 0374/710 00, Fax 714 84, Kategorie 2)* und kann an verschiedenen Stränden in der Umgebung baden. Kurios, aber wohltuend ist auch ein Thermalbad im äußerst primitiven *Kurhaus* von Loutrá auf einer Anhöhe über dem Meer. Das schwefelhaltige Wasser, das in kleinen Höhlen im Fels entspringt und heraufgepumpt wird, soll u. a. bei Rheuma, Hautpilz und Ekzemen helfen. Im Kurhaus mit zum Teil zerbrochenen Fensterscheiben werden sogar Massagen verabreicht.

Móla Kalyvá **(120/C 5)**
Die Siedlung an der Straße zwischen Néa Skióni und Kalándra beeindruckt durch große Villen wohlhabender Städter mit gepflegten Gärten und schöner Blütenpracht in Rot, Orange und Violett.

Possídi **(120/B 5)**
Bei Kalándra ragt ein kleiner Landvorsprung in den Thermäischen Golf hinein, dessen Spitze, Kap Possídi, einen 1864 erbauten Leuchtturm trägt. Kilometerlange Strände laden zu ausgedehnten Strandspaziergängen ein. Am Strand von *Aigiopelagítiko* steht das exzellente Hotel *Possídi Holidays* mit Tennisplätzen und Pool *(125 Zi., Tel. 0374/421 03, Fax 420 28, Kategorie 1)*, im 3 km entfernten Küstenweiler Possídi kann man über und hinter der Fischtaverne *To Poseidi* in einem der 12 Apartments wohnen *(Tel. 0374/412 63, Kategorie 3)*.

Der Kanal von Néa Potidéa hat eine zweitausendjährige Geschichte

NÉA FOKEÁ/ NÉA POTIDÉA

Der nördliche Teil der Kassándra ist waldarm. In der nur ganz flach gewellten Landschaft dehnen sich weite Getreidefelder aus. An der Westküste erstrecken sich unendlich scheinende Sandstrände zumeist vor einem rötlich schimmernden Steilufer. An der Ostküste wechseln längere Strandpartien mit felsumrahmten Sand- und Kiesbuchten ab. Eine solche Bucht bildet auch den Hafen von Néa Fokeá (1530 Ew., **120/B 2**), der nur aus einem kurzen Anleger besteht. Die meisten kleinen Fischerboote ankern im flachen Wasser und legen nur zum Entladen ihrer Fänge an. Der Ort selbst, von Kleinasienflüchtlingen nach 1922 neu gegründet, breitet sich landeinwärts entlang der Küstenstraße aus und neuerdings auch auf einem kleinen Plateau über dem Steilufer.

Néa Potidéa (1100 Ew., **120/A 1**) hingegen ist ein Ort an zwei Golfen: Sein neuerer Teil liegt am Kassandrischen Golf, sein älterer am Thermäischen Golf. Besonderen Reiz gewinnt Néa Potidéa durch seine Lage am Kanal, der die Kassándra zur Insel macht, und durch die an mehreren Stellen erkennbaren Überreste einer mittelalterlichen Stadtmauer.

Das touristische Zentrum der nördlichen Kassándra sind allerdings nicht diese beiden Orte, sondern der ausgedehnte Komplex des Sáni Beach Holiday Resorts, bestehend aus Hotels und Villen, eigener Marina und eigenem Shuttle-Bus-Service. Nicht unerwähnt bleiben dürfen drei Punkte, die in vielen Landkarten wie touristische Sehenswürdigkeiten eingezeichnet, in Wirklichkeit aber Strafanstalten sind: die Fylakes Kassándras, Karakálou und Xenofóntos. Hier verbüßen Kriegsdienstverweigerer ihre zweijährige Strafe und werden mit landwirtschaftlicher Arbeit beschäftigt.

BESICHTIGUNGEN

Ausgrabungen von Sáni

Nördlich des Hotels Sáni Beach legen Archäologen seit April 1996 mit finanzieller Unterstützung der Hotelgesellschaft einen spätantik-frühchristlichen Friedhof frei, zu dem mit größter Wahrscheinlichkeit auch eine Siedlung gehörte. Zunächst legte man 18 christliche Familiengräber aus dem 4. bis 6. Jh. frei, die zumeist aus Steinen antiker Bauten errichtet waren. In den Gräbern fand man Schmuck, Öllampen und einige Münzen. Südlich der Gräber konnte ein römisches Landgut nachgewiesen werden, in dem zahlreiche Kupfermünzen aus dem frühen 5. Jh. herumlagen. Der verantwortliche Archäologe, Ioakim Papangelos, vermutet, dass die Bewohner der Siedlung hauptsächlich von der Salzgewinnung aus einer Saline lebten. Die Ausgrabungen werden fortgesetzt; über die neuesten Ergebnisse informiert von Zeit zu Zeit das Hotel Sáni Beach.

Höhlenkirche von Néa Fokeá

Nur wenige Schritte von der idyllischen Hafenbucht entfernt liegt jenseits der Küstenstraße eine der interessantesten Kapellen der Kassándra: die Höhlenkirche *Ágios Pávlos.* Zunächst sieht man nur einen zementierten Vorplatz,

Schafherde unweit der Ausgrabungen von Sáni

in dessen Mitte ein Blumenbeet einen einzelnen Ölbaum umrandet. Dann entdeckt man am niedrigen Fels die kleine, weiß gekalkte Kapellenwand. Durch eine nur brusthohe Tür und über mehrere Stufen betritt man einen winzigen Vorraum, in dem auf kleinen Plattformen Ikonen aufgestellt sind. Weitere Stufen führen in einen schmalen, dunklen Gang hinunter. Man glaubt, in einem Grab zu stehen – und liegt damit ganz richtig. Bei der ganzen Anlage handelt es sich um ein makedonisches Grab, vielleicht aus dem 4. Jh. v. Chr. An der Hafenbucht steht auf der Landseite der Uferstraße ein kleiner Wegweiser mit der Aufschrift »Macedonian Tomb«. Schon 20 m weiter liegt rechts die Kapelle.

Kanal von Potidéa

In seiner heutigen Form durchschneidet der Kanal die Kassándra seit 1930. Erwähnt hat ihn aber schon der viel gereiste Schriftsteller und Geograf Strabo (64 v. Chr. – 20 n. Chr.). Während des griechischen Freiheitskampfes gegen die Türken vertieften ihn die aufständischen Chalkidiker, um den Feinden den Zutritt zur Kassándra zu erschweren. Daraufhin warfen die Türken Schafwollballen hinein, um sich so eine Furt zu schaffen. Sie sind längst wieder weggeräumt, denn der Kanal erfüllt vor allem für größere Fischkutter eine wichtige Funktion. So hat man am östlichen Kanalausgang auch einen gut besuchten Fischereischutzhafen angelegt.

Stadtmauerreste von Potidéa

In der Antike und in byzantinischer Zeit wurde der Zugang zur Kassándra zusätzlich zum Kanal auch noch durch Türme und eine 1200 m lange Mauer geschützt. Teile von ihr sind entlang des Kanals mehrfach zu sehen. Am besten erhalten ist die Mauer am westlichen Kanalende. Dieser Abschnitt stammt wahrscheinlich aus dem 6. Jh.

Türme von Néa Fokeá und Sáni
Bis 1922/23 besaßen die Áthos-Klöster große Ländereien auf der Kassándra. An mehreren Stellen nahe dem Meer errichtete man festungsartige Türme. Sie dienten als Verwaltungssitz und vor allem als Lager für Ernteerträge. Der Turm über der Hafenbucht von Néa Fokéa ist 17 m hoch, der auf dem Gelände des Hotels Sáni Beach ist noch in 8 m Höhe erhalten. Beide stammen wohl aus dem 15. Jh. Eine Innenbesichtigung der Türme ist leider nicht möglich, sie sind zu baufällig.

RESTAURANT

Ta Kastra
In Néa Potidéa am Kanal. Gutes Fischrestaurant mit schönem Ausblick und relativ moderaten Preisen. *Kategorie 2*

EINKAUFEN

Fournos to Limani
Dependance einer Edelbäckerei und Patisserie aus Thessaloníki im Porto Sáni Village kurz vor dem Hotel Sáni Beach.

Vilderidis
Dependance eines renommierten, sehr teuren Juweliers im Porto Sáni Village.

HOTELS

Potidea Palace
An einem langen, flach abfallenden Sandstrand gelegenes Hotel mit Haupthaus und acht über den großen Garten verteilten Nebengebäuden. Süßwasserpool, zwei Tennisplätze mit Flutlicht. *106 Zi., Ágios Mámas, Tel. 0373/416 53, Fax 418 85, Kategorie 2*

Sáni Beach Holiday Resort
★ Das seit 1962 auf 400 Hektar Fläche am Thermäischen Golf entstandene Ferienresort besteht aus vier verschiedenen Teilen: dem luxuriösen Apartmenthotel *Porto Sáni Village,* dem erstklassigen Hotel *Sáni Beach,* der Bungalowanlage *Sáni Beach Club* und der Landhaussiedlung Sáni Villas. Die Einrichtungen aller vier Komplexe können von jedem Gast des Resorts genutzt werden. Vom Nightclub bis zur eigenen Marina und zur Mountainbike-Station, von der Tauchschule, einem Amphitheater und acht Tennisplätzen bis zum Pendelbus zwischen den vier Anlagen fehlt nichts. Wer will, kann sich hier auch seine eigene Villa kaufen. Insgesamt 807 Wohneinheiten und eine schwankende Zahl von Villen werden vermietet. 4- bis 12-jährige Kinder werden im *Melissa Mini Club* betreut, junge Leute zwischen 12 und 18 Jahren im Hochsommer im *Teeny-Club* unterhalten. Animateure bieten auch Erwachsenen viele Aktivitäten. Da nahezu alle europäischen Reiseveranstalter das Resort im Programm haben, lohnt ein Preisvergleich. *Zentralbüro: Tel. 0374/ 312 31, Fax 312 93, www.saniresort.gr, Kategorie 1*

AM ABEND

Edem
Eine überhaupt nicht um Touristen werbende Bouzouki an der Straße zwischen Néa Potidéa und Néa Fokeá. Hier treten griechische Musiker und Sänger live auf; das fast ausschließlich griechische Publikum tanzt dazu und lässt in guter Stimmung auch schon einmal die Teller fliegen. Standard-

getränk ist Whisky, der flaschenweise bestellt wird. Vor 23 Uhr ist nichts los, die Stimmung ist nach Mitternacht am besten. *Nicht regelmäßig geöffnet; Konzerte werden durch Aushang angezeigt*

Kastro Club

In Néa Potidéa am Ufer des Thermäischen Golfes. Stimmungsvolle Terrasse mit kleinen Balkonen über einem schmalen Sandstrand, wo man sich abends zu guter Musik trifft und manchmal auch auf dem Sand tanzt. *An der Uferstraße, ca. 200 m vom Hafen*

Metochi

Freiluftbar auf mehreren Terrassen zwischen der Hafenbucht von Néa Fokeá und dem Turm. Besonders schön während der Dämmerung.

AUSKUNFT

In Ermangelung eines offiziellen Auskunftsbüros wendet man sich bei komplizierteren Fragen am besten an die hilfsbereite Rezeption des Hotels Sáni Beach.

SIVÍRI/ SKÁLA FOÚRKAS

Das heute meist Paralía Foúrkas genannte Skála Foúrkas (**120/B 5**) und das benachbarte Sivíri (**120/A 4**) sind zwei Strandsiedlungen, die erst durch den Tourismus und die vielen Sommervillen und Apartmenthäuser der Stadtbevölkerung aus Thessaloníki zu Orten geworden sind. Vorher waren sie jeweils nur die Bootslandeplätze für die Fischer aus den Binnendörfern Kassandría und Foúrka. Während Paralía Foúrkas sich überwiegend flach in einer kleinen Küstenebene erstreckt, dehnt sich Sivíri mit seinem großen Neubauviertel in einem breiten Flusstal bis ans Meer aus. Beide Orte besitzen schöne Sandstrände und gute Tavernen; Großhotels fehlen noch.

Ausländische Touristen sind hier viel seltener als in den Badeorten an der Ostküste; selbst das Programm für das Kassándra Festival im Freilichttheater von Sivíri wird deshalb nur auf Griechisch bekannt gegeben. Sehenswürdigkeiten gibt es ebenso wenig wie Museen.

RESTAURANTS

Diamántis

In Sivíri. Gute Fischtaverne unmittelbar am Strand. *Kategorie 2*

Giannis

In Paralía Foúrkas. Fischtaverne in einem älteren, weißblau verputzten Haus am Strand nahe der Platía. Jeden Dienstagabend griechische Livemusik. *Kategorie 2*

EINKAUFEN

Manolis Karagounis

Laden und Werkstatt eines Töpfers aus Thessaloníki. *Tgl. 10–13 und 18–22 Uhr, 30 m von der Platía an der Fußgängergasse*

HOTELS

Ioli

In Paralía Foúrkas. Apartments mit 2 bis 6 Betten in zweigeschossigen Häusern nahe der Platía, umgeben von einem Garten. 50 m zum Strand. *60 Apartments, Tel. 0374/417 79, Fax 423 92, Kategorie 2 und 3*

Iris
Am landseitigen Ende von Sivíri an Getreidefeldern gelegenes Hotel mit mehreren zweigeschossigen Einheiten. Große Rasenflächen, Pool, 600 m zum Strand. *56 Zi., Tel. 0374/239 95, Fax 245 10, Kategorie 2*

AM ABEND

Yaloo Beach Bar
★ Bar auf einer großen Terrasse mit Pool direkt am Strand am südlichen Ortsende von Sivíri. Große Auswahl an Whiskys und Cocktails. *Auch tagsüber geöffnet*

AUSKUNFT

Tourist-Information der Gemeinde Foúrka in einem Container auf der *Platía von Paralía Foúrkas. Nur im Juli/Aug. besetzt*

ZIELE IN DER UMGEBUNG

Foúrka **(120/B 5)**
Das Binnendorf (680 Ew.) liegt am rechten Ufer eines im Sommer ausgetrockneten, breiten Flussbetts. Ein kurzer Bummel durch den Ort führt an einigen Häusern aus dem letzten Jahrhundert vorbei zu zwei Kirchen. Die große Pfarrkirche *Tríon Ierárchon* aus dem Jahr 1830 ist innen ganz in Pastelltönen gehalten; die nur 50 m entfernte Kapelle *Agía Paraskeví* aber ist weitaus interessanter. Sie besitzt eine schöne hölzerne Ikonostase und eine Frauenempore. Eine weitere Kapelle steht auf dem Dorffriedhof auf der anderen Seite des Flussbetts. Sie wird nicht mehr genutzt, außer von Schwalben, die ein und aus fliegen. An der Westwand ist noch ein Fresko aus dem 17. Jh. zu erkennen, das Mariä Entschlafung darstellt.

Imker und Bienenstöcke auf dem Kassándra-Höhenweg

Kassandrinó **(120/C 4)**
★ Das kleine Dorf (350 Ew.) liegt zwischen grünen Hügeln versteckt und hat noch viele Häuser aus dem 19. Jh. Die Dorfkirche wurde 1988 teilweise im traditionellen Stil neu angemalt. Wie pragmatisch die Griechen mit ihren Heiligen umgehen, zeigt die Westwand des Gotteshauses: Auf die hll. Michail und Sabbas wurde ein Sicherungskasten montiert. Die beiden Tavernen *Tò Stéki tou Vasili* am Kirchplatz und *O Zachos* an der Hauptstraße sind wegen ihres gegrillten Lamm- und Ziegenfleischs einen Besuch wert *(beide Kategorie 3)*. Am westlichen Ortsende von Kassandrinó beginnt ein ausgeschilderter Wanderweg, der in etwa 3 bis 4 Stunden hinüberführt in den Küstenort Kryopigí.

Badeparadies vor schöner Bergkulisse

Auf dem Mittelfinger gibt es mehr Strände als Dörfer

Der 50 km lange und bis zu 30 km breite mittlere Finger der Chalkidikí ist gebirgiger, wilder und weniger dicht bevölkert als die Kassándra. Ein Gebirge durchzieht ihn von Nord nach Süd. Dessen höchster Gipfel, Itamos oder auch Dragoudéli genannt, ist immerhin 808 m hoch (auf manchen Karten wird seine Höhe nur mit 753 m angegeben). Zusätzlichen Reiz gewinnt der Höhenzug durch vorgelagerte einzelne Hügel und Hügelketten. Im grellen Tageslicht erscheinen sie oft wie ein einziger Block. In der Dämmerung aber erkennt man deutlich die vielgliedrige Staffelung der graublauen Bergketten. Große Teile der Sithonía sind mit Kiefern bewachsen, weite Getreidefelder wie auf der Kassándra fehlen fast völlig. Viele Imker stellen in den Wäldern ihre Bienenstöcke auf. Dort gibt es noch Schakale und Geier. Sehr auffällig sind in Teilen der Sithonía, besonders an der Ostküste, die großen *Mandra:* einfache, meist kreisförmige Schaf- und Ziegenpferche mit Stallungen, in denen die Tiere zwischen Mitte Oktober und Anfang Juni gehalten werden. In den Sommermonaten werden sie dann in die Berge getrieben.

Frühling bei Parthenónas

Die wichtigsten Arbeitgeber der Halbinsel sind die Großhotels und das Spielkasino von Pórto Carrás sowie Weingut und Kellerei der Domaine Carrás. Weit weniger Hotels als an der Westküste stehen an den zahllosen Strandbuchten der Ostküste. Optische Paradiese sind sie dennoch nicht völlig uneingeschränkt: Viele Strände auf der Sithonía werden von einer endlosen Reihe von Wohnwagen gesäumt, die Griechen hier fürs ganze Jahr aufgestellt haben.

METAMÓRFOSIS/ NIKÍTAS

Metamórfosis (380 Ew., **117/E 6**) und Nikítas (2450 Ew., **117/F 6**), auch Nikíti genannt, sind beides viel besuchte Badeorte. Den besonderen Reiz von Metamórfosis macht ein niedriges, rötlich schimmerndes Steilufer aus, unter dem sich ein langes Sandstrandband entlangzieht. Insbesondere im Ortsbereich ist dieses Ufer bewaldet. In Nikítas ist der

Strand landschaftlich weniger idyllisch, aber ebenso sandig und lang. Gegenüber Metamórfosis hat Nikítas den Vorteil, nicht nur Ferienort zu sein. Nikítas ist deutlich zweigeteilt. Zwischen Hauptstraße und Meer liegt der neuere, nach 1922 entstandene Teil mit Hotels, Geschäften, Tavernen und Pensionen, auf der anderen Seite der Hauptstraße erstreckt sich das alte Nikítas weit landeinwärts. Hier findet man noch eine Reihe alter Häuser aus dem 19. Jh. und typisch dörfliche Atmosphäre.

BESICHTIGUNG

Friedhofskirche in Alt-Nikítas
Am innersten Ende des alten Teils von Nikítas erhebt sich auf einem Hügel am Ortsrand die 1867 erbaute Kirche des hl. Nikítas. Unmittelbar daneben steht auf einem Friedhof eine Kapelle aus dem 16. Jh. Ein kleiner Teil ihrer Wandmalereien ist in schlechtem Zustand an der südlichen Außenmauer erhalten. Man erkennt die hagere Eremitinnengestalt der hl. Maria von Ägypten, die vom hl. Zosimus das Abendmahl empfängt, und darüber die Darstellung der Heiligen Dreifaltigkeit. Zu erkennen sind noch die drei (heute kopflosen) Engel, die von Abraham und seiner Frau Sarah bewirtet werden.

RESTAURANTS

Marina
Familienrestaurant eines griechisch-britischen Wirtsehepaars. Schöner Garten und exzellente Steaks. *Metamórfosis, am Fischerhafen, Kategorie 2*

MARCO POLO TIPPS FÜR DIE SITHONÍA

1 **Kloster Evangelismós**
Ein Nonnenkloster wie eine kleine Stadt (Seite 51)

2 **Hotel Virginia in Eliá**
Am Steilufer zwischen Kiefern gelegen (Seite 49)

3 **Hotel Sweet Home in Néos Marmarás**
Kleines Stadthotel mit ganz familiärer Betreuung (Seite 53)

4 **Hotel Pontos in Sárti**
Badehotel für junge Leute (Seite 57)

5 **Taverne Ta Kymata in Néos Marmarás**
Tische und Stühle auf Sand (Seite 52)

6 **Molos A Seaside Story**
Cocktails auf schwankendem Ponton (Seite 55)

7 **Casino Magic**
Ein Hauch von Las Vegas in Griechenland (Seite 55)

8 **Hellas Bike Travel**
Mountainbiking auf der Chalkidikí (Seite 54)

9 **North Aegean Diving Centre**
Die einzige Tauchschule weit und breit (Seite 57)

10 **Creations Yiany**
Preiswerter Silberschmuck aus eigenem Atelier (Seite 57)

Vasilis
An der Platía von Metamórfosis. Einfache Taverne mit großer Auswahl; dazu gehören immer Moussaká und gefüllte Tomaten. *Kategorie 3*

HOTELS

Blue Dolphin
Bei Metamórfosis. Große, clubähnliche Anlage nahe dem Strand mit großem Pool und unaufdringlicher Animation. Zimmer in vielen Einzelhäusern, die vorwiegend aus Holz und Stein gebaut sind; im Restaurant wird nach Möglichkeit Obst und Gemüse aus ökologischem Anbau serviert. Etwa 1,5 km außerhalb des Ortes. *70 Zi., Tel. 0375/613 34, Fax 614 21, Kategorie 2*

Symeon
In Metamórfosis. Familiär geführtes, einfaches Hotel mit Pool nahe der Platía, 100 m vom Strand. *45 kleine Zi., Tel. 0375/614 74, Fax 611 34, Kategorie 2*

Toroneos
850 m vom Zentrum von Nikítas entfernt. Harmonisch in die grüne Landschaft eingefügtes Hotel, etwa 150 m vom Strand. Am Pool kann man nicht nur unter Sonnenschirmen, sondern auch unter grünen Blätterdächern liegen. An der Poolbar werden in Griechenland noch seltene alkoholfreie Cocktails angeboten. *65 Zi., Tel. 0375/229 70, Fax 231 90, Kategorie 1*

SPORT

Fahrradvermietung an der Hauptstraße in Metamórfosis. Wassersportschule am Lagomandro-Strand. Dort auch Vermietung von Motorbooten; bis zu 25 PS auch an Fahrer ohne Bootsführerschein.

AM ABEND

Aigaion
In Metamórfosis. Open-Air-Bar mit Meerblick im Park an der Platía.

ZIELE IN DER UMGEBUNG

Eliá (122/B 3)
Zwischen Nikítas und Néos Marmarás liegen viele kleine Buchten zwischen Steilufern, erstrecken sich kleine Strände unmittelbar unterhalb bewaldeter Kliffe. Ein besonders schöner Abschnitt ist der in der Gemarkung Eliá. Dort steht mit dem ★ *Hotel Virginia* auch ein sehr empfehlenswertes Hotel zwischen Kiefern am Klippenrand. Die Bäume sind höher als das Gebäude, Ruhe ist garantiert. *15 Zi., Tel. 0375/812 81, Fax 812 83, Kategorie 1*

Frühchristliche Basiliken (122/A 1)
Südlich des heutigen Dorfes Nikítas entstand in hellenistischer Zeit eine Siedlung in einer Gemarkung, die heute als Ágios Geórgios bekannt ist. Alles, was davon erhalten blieb, sind die Grundmauern zweier frühchristlicher Basiliken. Sie entstanden im 5. Jh. und wurden schon im 6. Jh. zerstört. Die Mauern stehen noch hüft- bis brusthoch. Man erkennt Säulenbasen und umgestürzte Säulen. Über einer der beiden Basiliken steht heute eine Kapelle. Hier kann man drei Schritte südlich der Kapellenwand auch noch zwei frühchristliche, von einem gemauerten Ge-

Das Kloster Evangelismós ist Mariä Verkündigung geweiht

wölbe überspannte Gräber im Boden sehen. Man zweigt von der Straße in Richtung Néos Marmarás 800 m nach der Ampelkreuzung von Nikítas an der Bäckerei Christos nach rechts ab und folgt dem kleinen Wegweiser zum Camping Nikiti. 1,5 km weiter erreicht man die Kapelle über der Basilika. Geht man ein paar Schritte zurück, steht man vor der eingezäunten zweiten Basilika.

Kapelle Ágios Pávlos (117/F 6)

Einer örtlichen Legende zufolge ist der Apostel Paulus während einer seiner Missionsreisen auch auf die Sithonía gekommen. Als er Durst verspürte, spaltete er einen Felsen, aus dem daraufhin köstliches Quellwasser floss. Dieser Quell ist heute gefasst und sprudelt noch immer unmittelbar neben der für den Apostel errichteten Kapelle. Sie liegt in 250 m Höhe abseits aller Dörfer. Ein 2600 m langer Fahrweg führt von der Küstenstraße Richtung Néos Marmarás aus hin. *300 m nach der Kilometertafel 47 links in einen nur auf Griechisch ausgeschilderten Waldweg abbiegen*

Kloster Agíou Ioánnou Pródromou (117/E 6)

Die Kirche dieses Johannes dem Täufer geweihten Nonnenklosters 2,5 km außerhalb von Metamórfosis ist mit neuen Fresken im byzantinischen Stil ausgestattet. An der Decke der mittleren Apsis erkennt man das Pfingstwunder und Christi Himmelfahrt. An der Decke der rechten Apside sind Jesu Geburt und der Kindermord von Bethlehem dargestellt. An der Decke des

rechten Querschiffs ist Christi Verklärung zu sehen. Aus der Kuppel blickt Christus als Weltenherrscher, als Pantokrátoras, herab. *Zufahrt von der Küstenstraße aus an der Stelle, wo auch die Straße ins Dorf Metamórfosis abzweigt*

Kloster Evangelismós (117/E 5)
★ Das wie eine kleine, von Mauern umgebene Stadt wirkende Nonnenkloster wurde erst 1974 auf Initiative eines Áthos-Klosters mit neuem Leben erfüllt. Seit dem 13. Jh. lag an dieser Stelle ein Klostergut. 1922 wurden hier zahlreiche Kleinasien-Flüchtlinge untergebracht, danach verfielen die Gebäude. Heute leben hier fast 100 Frauen, die das Kloster perfekt in Stand halten. Manche von ihnen beschäftigen sich mit Ikonenmalerei und Handarbeiten. Ihre Produkte kann man im Kloster kaufen. *April–Sept. Di, Do und Sa 10–16 (übrige Zeit 10–14) Uhr, So 10–19 (übrige Zeit 10–16) Uhr, an einer unbefestigten Straße zwischen dem Dorf Vatopédi und Ormýlia.*

NÉOS MARMARÁS/ PÓRTO CARRÁS

(**122/C 3–4**) Néos Marmarás und das dazugehörige Urlaubsresort Pórto Carrás zählen zwar nur 2600 Einwohner, haben zusammen aber über 3000 Gästebetten in Hotels aller Kategorien, Pensionen und Privatzimmern. Hinzu kommen im Ortsbereich sieben Campingplätze. Man kann sich also vorstellen, dass Néos Marmarás während der Saison kein verträumter Fischerort mehr ist. Dennoch hat er auch in der Hauptsaison eine angenehme Atmosphäre. Dazu trägt vor allem seine besondere Lage bei. Der Ort wurde nach 1922 von kleinasiatischen Flüchtlingen gegründet. Sie bauten ihre Häuser auf vier kleinen Halbinseln, die die drei Stadtbuchten von Néos Marmarás einrahmen, sowie an dem sanft ansteigenden Berghang dahinter. Einige Tavernen stehen direkt auf kleinen Stränden, mehrere Bars haben schöne Terrassen über den Buchten.

Pórto Carrás ist nicht unumstritten. Es wurde erst 1970 gegründet und entsprang einzig und allein der Idee eines griechischen Multimillionärs: des Reeders Ioánnis Carrás. Er gab drei vielgeschossige Großhotels in Auftrag, eine private Marina dazu und zahlreiche Sportstätten. Zudem ließ er bereits seit 1965 weite Flächen südlich von Pórto Carrás in Weinberge verwandeln. In der dazugehörigen Weinkellerei werden hier sieben der besten Weine Griechenlands gekeltert. Die riesige Villa des inzwischen verstorbenen Carrás thront, von hohen Mauern umgeben, auf dem Gipfel des Hügels südlich seiner Hotelstadt.

Néos Marmarás vorgelagert ist die kleine, unbewohnte Insel Kélyfos, die die Einheimischen auch Gélfos nennen. Hier leben noch einige Wildziegen. Mit dem Boot kann man hinüberfahren und die einsamen Strände genießen. Strände gibt es aber auch zu beiden Seiten von Néos Marmarás in großer Zahl. Lange Sandbänder wechseln mit kleinen, idyllischen Buchten zwischen bewaldeten Felsen und weißen Klippen ab; einige Strände erreicht man bequem mit dem Auto, andere nur zu

Fuß. Ein ausgeschilderter Wanderweg führt in etwa 5 Stunden Gehzeit von Néos Marmarás zur Weinkellerei und von dort an drei Dutzend Strandbuchten zwischen dem Europa Beach und Pórto Carrás vorbei zurück nach Néos Marmarás. Für die Strecke zwischen Pórto Carrás und Néos Marmarás kann man aber auch das regelmäßig verkehrende Hotelboot benutzen.

BESICHTIGUNG

Kloster Osios Grigórios

Die zu einem der Áthos-Klöster gehörende Dependance am Ortsrand von Néos Marmarás ist ein schöner, zweigeschossiger Natursteinbau mit durchlaufenden Holzbalkonen. Mönche wohnen hier nur zwischen Ende September und Ende März. In den Sommermonaten lebt hier nur ein Verwalterehepaar. *Tgl. 8–14 und 18–22 Uhr, an der Straße von der südlichen Stadtbucht zur Hauptstraße Richtung Pórto Carrás*

RESTAURANTS

Dionysos

Die Taverne an der Bushaltestelle an der mittleren Stadtbucht von Néos Marmarás bietet schöne Plätze unter Kiefern mit Blick auf den Hafen. Die Auswahl ist groß, die Vorspeisen stammen nicht vom Großhändler, sondern sind selbst gemacht. *Kategorie 3*

L'Orangerie

Französisches Feinschmeckerrestaurant im Hotel Sithonía Beach in Pórto Carrás. *Tgl. ab 20 Uhr, Tischreservierung Tel. 0375/713 81, Kategorie 1*

Ta Kymata

★ Der Wirt der Taverne hat Tische und Stühle unmittelbar auf

Néos Marmarás mit seinen Stadtbuchten hat Flair

Ein Traum wurde Wirklichkeit

Als Ioánnis Carrás 1963 auf seiner Privatyacht an der Küste der Sithonía entlangfuhr, hatte er eine Vision. Er sah die Hänge und Hügel südlich von Néos Marmarás mit Weingärten bedeckt. 1965 kaufte er hier 1700 Hektar Land. Auf 450 Hektar wurden bis 1971 ganz unterschiedliche griechische und französische Rebsorten gepflanzt. 1971 fand die erste Weinlese statt; zum Ausbau der Weine zog Carrás einen Fachmann aus der Region Bordeaux hinzu. Als Spitzenwein unter den sieben verschiedenen Carrás-Weinen gilt der trockene Rotwein Château Carrás. Er altert zunächst zwölf Monate lang in französischen Eichenholzfässern, die ihm die Aromen von roten Früchten und Vanille verleihen, und wird danach noch drei Jahre lang in Flaschen im gut gekühlten Keller der Kellerei gelagert.

den kleinen Strand gestellt, der sich im innersten Ende der nördlichen Stadtbucht gebildet hat. Wer mag, kann hier beim Essen die Füße vom Meer umspülen lassen. Wirt Thomas spricht sehr gut Deutsch und vermietet auch acht Zimmer in der Nähe der Taverne. *Tel. 0375/713 71, Kategorie 3*

EINKAUFEN

Donnerstags ist Markttag. Die Händler bauen dann ihre Stände an der Uferstraße entlang der nördlichen Stadtbucht auf.

HOTELS

Marmaras

Von Bougainvilleen überranktes Hotel in einem Neubauviertel, 1 km nördlich vom Ortszentrum von Néos Marmarás an einer wenig befahrenen Uferstraße gelegen. Kleiner Strand nahe dem Haus. *15 Zi., Tel. 0375/721 84, Fax 723 15, Kategorie 3*

Miramare

Kleine Apartmentanlage mit zweigeschossigen Häusern am Parádissos-Strand, etwa 700 m nördlich von Néos Marmarás. *36 Apartments mit 1–2 Zi., Tel. 0375/714 44, Fax 719 49, Kategorie 2*

Sweet Home

★ Kleines, sehr familiär geführtes Hotel im historischen Ortskern an einer Gasse, an der noch die kleinen Flüchtlingshäuser aus den 20er-Jahren stehen. Man wohnt ruhig und zentral und kann im kleinen, schattigen Innenhof einen Drink oder auch ein Essen genießen, das die Wirtin Koúla für ihre Gäste auf Wunsch »ganz wie zu Hause« kocht. *15 Zi., Tel. 0375/716 64, Fax 718 28, Kategorie 2*

SPORT

Das sportliche Zentrum der Chalkidikí ist Pórto Carrás. Auskunft über alle Sportmöglichkeiten und Anmeldung im *Hotel Meliton, Porto Carrás, Tel. 0375/713 81, Fax 715 02*

Golf

18-Loch-Platz bei den Hotels. Für alle zugänglich.

Mountainbiking

★ Täglich gibt es je eine leichtere und eine schwerere Tour. Die Touren können einzeln oder im Fünferpaket gebucht werden. Kindersitze sind verfügbar. Die Bikes können auch individuell gemietet werden. *Hellas Bike Travel, Tel. 0375/713 81, Mobiltelefon 094/54 41 59, Fax 712 29*

Reiten

Reitstall mit Ponys und Pferden, qualifizierte Reitlehrer.

Tennis

Tenniscamp mit 5 Quarzsand- und 3 Hartplätzen, Kurse für Kinder, Anfänger und Könner.

Wandern

Organisierte Wanderreisen bietet die Alpinschule Innsbruck an. Deren Angebot haben viele deutsche, österreichische und schweizerische Reiseveranstalter im Programm.

Wassersport

Das Overschmidt International-Wassersportzentrum vermietet Jollen, Surfboards, Motorboote usw. und bietet auch Windsurf-, Segel- und Wasserskikurse an. Auskunft über Revier, Wind und Prüfungsmodalitäten bei *Overschmidt International, Postfach 8803, D-48047 Münster, Tel. in Deutschland 0251/29 75 00, Fax 29 75 28.*

In Pórto Carrás gibt es einen Reitstall und Reitlehrer

AM ABEND

Bourlotto
Bouzoúki am Strand zwischen Néos Marmarás und Pórto Carrás, in der im Sommer griechische Livemusik zu hören ist.

Casino Magic
★ Spielkasino im Stil von Las Vegas. 425 einarmige Banditen, 30 Roulett-, 8 Blackjack- und 5 Pokertische. *Tische ab 16 Uhr geöffnet, Automatenspiele ab 14 Uhr. Im Hotel Sithonía Beach. Kein Krawattenzwang, aber keine Jeans, Mindestalter 23 Jahre. Personalausweis erforderlich. Eintritt 5000 Drs., wird zurzeit in Form von Chips erstattet*

Molos A Seaside Story
★ Die teure, aber äußerst originelle Bar liegt auf mehreren Terrassen direkt am Wasser zwischen der mittleren und der südlichen Stadtbucht. Clou der Bar ist ein im Wasser vertäuter Ponton in Schiffsform, auf dem nur ein Tisch steht. Ein geländerloser Steg führt hinauf.

Summer Loft Disco Club
Große Open-Air-Disko mit mehreren Bars auf verschiedenen Terrassen an der Ortsumgehungsstraße am südlichen Ortsende. *Nur Juni–Sept.*

AUSKUNFT

Moudania Tours
An der mittleren Hafenbucht, Tel. 0375/218 88, Fax 214 50

ZIELE IN DER UMGEBUNG

Domaine Carrás (122/C 4)
Mit über 400 Hektar Anbaufläche ist die Domaine Carrás eins der größten privaten Weingüter Europas. Verarbeitet werden die Trauben in einer 1970 gebauten Kellerei. Im Rahmen von Ausflügen, die Reisebüros und Hotels organisieren, kann man sie besichtigen. Auch einzelne Besucher sind willkommen, können einige Weine verkosten und etwa 20 bis 25 Prozent preiswerter als in Supermärkten kaufen. Die Weinkellerei stand im Frühjahr 2000 zum Verkauf, darum Öffnungszeiten im Hotel erfragen. *An der Straße von Néos Marmarás nach Pórto Koufós*

Parthenónas (122/C 3)
Das große Bergdorf 350 Höhenmeter oberhalb von Néos Marmarás wurde 1970 von seinen letzten Bewohnern verlassen. Die Abwanderung hatte bereits in den 20er-Jahren mit der Entstehung von Néos Marmarás begonnen. Dadurch entging der Ort dem Schicksal vieler anderer chalkidischer Orte: der Verschandelung durch neue Betonbauten. 1977 kehrten die ersten Menschen nach Parthenónas zurück, pflegten nun aber die Tradition, restaurierten einige Häuser und schufen so ein Juwel unter den chalkidischen Dörfern. Der Blick von hier oben fällt auf Néos Marmarás und die landschaftsverschandelnden Großhotels von Pórto Carrás und reicht bei halbwegs klarer Sicht bis zur Halbinsel Kassándra hinüber.

Ein gut ausgeschilderter Wanderweg verbindet Parthenónas mit Néos Marmarás *(Beginn an der Taverne Drosia an der Küstenstraße Richtung Nikíti, Gehzeit etwa 2–3 Std.).* Im Dorf gibt es nicht nur eine Taverne, sondern auch eine traditionelle, ganzjährig geöff-

Parthenónas in den Bergen: einst verlassen, nun wieder belebt

nete Pension *(Parthenon, 11 Zi., Tel. 0375/721 07 und Mobiltelefon 094/38 23 84, Kategorie 3).*

Pórto Koufós **(123/D 6)**
Der winzige Weiler mit mehreren guten Fischtavernen liegt an einer besonders geschützten Hafenbuchten der Ägäis. Hügel umrahmen eine 1600 m lange und bis zu 550 m breite Bucht. Die Einfahrt ist nur 300 m breit und vom Weiler aus nicht zu sehen, sodass man sich an einem See wähnt. Am Kai vor den Fischrestaurants liegen meist einige Fischkutter und Yachten. Baden kann man am langen Sandstrand im Süden der Siedlung.

Toróni **(123/D 6)**
Die Siedlung (150 Ew.) mit vielen einfachen Sommerhäusern erstreckt sich über 2 km an einem breiten Sandstrand. Sie liegt auf dem Gebiet der antiken Stadt Torone, die im 8. Jh. v. Chr. von Kolonisten aus der Stadt Chalkída auf der Insel Euböa gegründet wurde. Einige Überreste aus der Antike sind noch zu sehen, wenn man der Uferstraße bis an ihr südliches Ende folgt. Wo dort die Straße zurück zur Hauptstraße abzweigt, liegt linker Hand ein kleines, eingezäuntes Gelände mit der Ruine einer frühchristlichen Basilika. Folgt man der Uferstraße noch weiter, gelangt man zu einem kleinen Kap mit den Überresten einer byzantinischen Burg. Im flachen Wasser sind hier auch noch Spuren der antiken Hafenanlage zu entdecken. *Frei zugänglich*

Schiffsausflüge
Von morgens bis nach Mitternacht Bootsverbindungen mit Pefkochóri und Kallithéa auf der Kassándra.

SÁRTI/SYKEÁ

(123/E 3) Das Binnendorf Sykeá (2950 Ew., auch Sykiá geschrieben) ist der größte Ort der Sithonía. Es wurde schon in byzantinischer Zeit gegründet; viele seiner Häuser stammen noch aus dem 19. Jh. Zu den markantesten Bauten gehören die beiden 1870 und 1920 errichteten Schulgebäude. Vom 2 km landeinwärts gelegenen Dorf erstreckt sich eine der wenigen fruchtbaren

Küstenebenen der Sithonía dem Meer entgegen, wo in Strandnähe noch zwei alte Mühlenstümpfe stehen. Wichtigster Arbeitgeber für die Dorfbewohner sind die Hotels und Weinberge von Pórto Carrás: Über 400 von ihnen arbeiten dort.

Sárti (700 Ew.) ist im Gegensatz zu Sykeá ein nach 1922 neu gegründetes Flüchtlingsdorf. Das Straßennetz ist deutlich erkennbar auf dem Reißbrett rechtwinklig geplant worden. Wie in keinem anderen Ort der Chalkidikí stehen in Sárti noch viele kleine Häuser aus den 20er- und 30er-Jahren. Oft sind ihre Fassaden von Bougainvilleen oder Hibiskus überrankt, sodass die Straßenzüge von Sárti besonders idyllisch wirken. Ein kilometerlanger Sandstrand erstreckt sich von Sárti aus südwärts; viele kleine und größere Buchten schließen sich weiter nördlich an.

RESTAURANTS

Aristidis

Taverne an der Platía von Sárti. In zwei Aquarien schwimmen stets frische Hummer und Langusten. Ein befreundeter Fischer liefert täglich seinen frischen Fang in der Küche ab. *Kategorie 2*

Vorinakis

Die Taverne an der Platía von Sárti ist der In-Treff langjähriger Stammgäste. Wirt Chrístos, eigentlich Schreiner, hasst berufsbedingt Plastikstühle und -tische; seiner Taverne kommt das sehr zugute. Er lässt fast nur griechische Musik vom Band erklingen und serviert einfache, wohlschmeckende griechische Kost. *Kategorie 3*

EINKAUFEN

Creations Yiany

★ Jannis Contos und Marie-Andrée Saint-Pierre betreiben in einem alten Flüchtlingshaus in der Nordwestecke des Dorfplatzes von Sárti ein kleines Silberschmuckatelier. Sie konzentrieren sich auf Objekte in der Preislage unter 20 000 Drs. und trinken mit Kunden, die ihnen sympathisch sind, auch gern einmal ein Fläschchen Wein in ihrem Laden. *Unregelmäßig geöffnet, meist ab 18 Uhr*

Wochenmarkt

Jeden Samstag in Sykeá.

HOTELS

Lutsia

Apartmenthaus an der Hauptstraße im Ortszentrum von Sárti. *12 Apartments für 2–4 Personen, Tel. 0375/941 98, Kategorie 3*

Pontos

★ In Sárti. Überwiegend von jungen Leuten frequentiertes, clubähnliches Hotel direkt am Strand, etwa 700 m vom Ortszentrum entfernt. Surfkurse, Beach-Volleyball, Bogenschießen, Bodypainting und Mountainbike-Touren werden angeboten; das Hotel vermietet Mopeds. *42 Apartments für 2–4 Personen, Tel. und Fax 0375/943 01, Kategorie 1*

SPORT

★ Neben dem üblichen Wassersportangebot gibt es am 14 km entfernten Strand von Kalamítsi auch eine Tauchschule: *North Aegean Diving Centre, Tel. 0375/411 48, Fax 031/52 16 92*

AM ABEND

An der Stichstraße vom Zentrum zur Ortsumgehung liegen das Sommerkino *Titania,* der Club *Sassos the Greek* (griechische Livemusik) und die Disko *Motos.*

AUSKUNFT

Taousanis Tours
Platía, Sárti, Tel. 0375/941 41, Fax 943 87

ZIELE IN DER UMGEBUNG

Kalamítsi (Kalamitsion) (123/E 5)
Der Weiler, in dem im Winter nur drei bis fünf Familien leben, kann sich einiger der schönsten Sandbuchten Griechenlands rühmen. Den besten Blick auf sie hat man von der Taverne *Panorama* an der Straße zwischen Pórto Koufós und Kalamítsi. Stichstraßen führen zu den einzelnen Strandbuchten. Größere Hotels gibt es noch nicht, wohl aber kleine Pensionen wie die Pension *Milonas* über dem Supermarkt an der Porto-Bucht (*18 Zi., Tel. 0375/415 51, Kategorie 3*).

Maultierritt
Die Reisebüros in Sárti organisieren fünfstündige Maultierausritte in die Hügellandschaft in der Umgebung.

VOURVOUROÚ

(122/C 2) Vourvouroú ist eine im Winterhalbjahr nahezu menschenleere Siedlung. Sie dehnt sich in lockerer Bebauung zwischen der kleinen Halbinsel *Méga Tíchos* und der größtenteils bewaldeten Halbinsel Vourvouroú aus. Zum offenen Meer hin wird die Bucht zwischen den beiden Halbinseln durch 17 Inseln und Inselchen abgeschirmt. Früher waren sie unbewohnt, inzwischen gibt es auf einigen aber schon Strandbars und Ferienhäuser. Lange Strände säumen die Bucht; besonders schön sind die Strände auf der Vourvouroú-Halbinsel. Hier findet man auch die bizarr geformten, kleinen Felsen, die auf den überall auf der Chalkidikí verkauften Postkarten unweigerlich den Blick auf sich ziehen. Mit etwas Phantasie erkennt man in ihnen unterschiedliche Tiere und Dinge.

BESICHTIGUNG

Méga Tíchos
Zugegeben: Einen Umweg lohnt der 5 m lange und 3 m hohe Überrest einer antiken Befestigungsmauer auf der Halbinsel Méga Tíchos im Norden von Vourvouroú nicht. Wer aber dort Urlaub macht, hat so ein Ziel für einen Spaziergang.

RESTAURANT

Mezedokamomata
Taverne unter schattenspendenden Bäumen am Strand. Außergewöhnlich guter und freundlicher Service, große Auswahl. Mit Käse, Fisch oder Fleisch zubereitete Kroketten *(keftédes)* sind eine Spezialität des Hauses. *Auf der Westseite der Vourvouroú-Halbinsel, Kategorie 2*

HOTELS

Porto Kappis
Außen architektonisch misslungenes, aber gut in Strandnähe gelegenes Hotel mit Pool. Freundli-

che Atmosphäre. *Auf der Westseite der Vourvouroú-Halbinsel, 67 Zi. und 2 Apartments, Tel. 0375/914 16, Fax 914 92, Kategorie 2*

Toula
Pension mit kleinem Pool mitten im Kiefernwald nahe dem Strand an der Spitze der Vourvouroú-Halbinsel. Exzellentes Preis-Leistungs-Verhältnis. *11 Zi. und 2 Apartments, Tel. 0375/911 02, Mobiltelefon 094/39 24 30, Fax 0382/265 00, Kategorie 3*

SPORT

An der Westküste der Vourvouroú-Halbinsel werden vor der Taverne *Mezedokamomata* Motorboote (kein Führerschein nötig), Tretboote und Kanus vermietet, mit denen man auf die Diapóros-Insel hinüberfahren kann.

AM ABEND

Lotos
Sehr originelle, aber auch teure Open-Air-Bar an der Westseite der Vourvouroú-Halbinsel. Man sitzt wie in der Südsee auf Holzemporen unter Palmstroh- und Rohrdächern und blickt über die südseehafte Bucht. *Auch tagsüber geöffnet*

ZIELE IN DER UMGEBUNG

Ágios Nikólaos **(122/B 1)**
Das große Binnendorf (2260 Ew.) mit autofreier Platía besitzt noch mehrere stattliche alte Häuser aus dem 19. Jh. Die Kirchen *Agía Paraskeví* und *Ágios Geórgios* im alten Ortskern sind seit 1970 über der jeweiligen Westtür mit einigen Mosaiken eines örtlichen Künstlers geschmückt. Die verkehrsfreie Platía ist modern und dennoch angenehm gestaltet. Jeden Donnerstagvormittag findet im Dorf ein großer Wochenmarkt statt.

Ormos Panagías **(122/B 1)**
Der Küstenweiler ist der Hafen von Ágios Nikólaos. Von hier aus fahren täglich Ausflugsschiffe zur Áthos-Halbinsel.

Nur im Winter menschenleer: der Strand von Platanítsi

Zwischen Himmelreich und Himmelsstadt

Der größte Teil der Halbinsel ist für Frauen unzugänglich

Der östliche Finger der Chalkidikí gehört nur ansatzweise zu dieser Welt. Der Rest ist eine Mönchsrepublik, zu der nur Männer und auch diese nur mit Visum Zutritt haben. Im weltlichen Teil der Halbinsel ist der Urlaub ebenso schön wie an anderen Küsten der Region. Drei große Dörfer gibt es hier und mit Amolianí die einzige ständig bewohnte Insel der Chalkidikí. Auf dem Festland sind die Strände lang und meist schnurgerade, auf Amolianí und seinen unbewohnten Nachbarinselchen finden Urlauber auch kleine Strände und Buchten. Es gibt einige moderne Hotels. Insgesamt aber ist ein Urlaub auf der Áthos-Halbinsel beschaulicher als auf den beiden anderen Fingern.

In Ouranópolis, dessen Name übersetzt Himmelsstadt bedeutet, enden alle Straßen. Hier durchzieht eine hohe Steinmauer die Halbinsel. Die Mauer wird stellenweise sogar von griechischem Militär bewacht. Dahinter liegt die Mönchsrepublik, die sich bis zur Spitze der Halbinsel erstreckt. Dort ragt der schroffe, 2033 m hohe Berg Áthos unvermittelt aus dem Meer, der dem ganzen Finger den Namen gab. In der Republik der frommen Männer leben heute etwa 1700 Mönche in 20 großen Klöstern und einem Dutzend kleinerer, von den Klöstern abhängiger Weiler, den Skiten.

Kloster Dionysíou

Einen guten Eindruck von der Mönchsrepublik kann man auch als Frau oder als Mann ohne Visum gewinnen. Schiffsausflüge führen täglich von Ouranópolis und Ormos Panagías auf der Sithonía an der Küste des heiligen Berges entlang.

AMOLIANÍ

(**119/D 4**) Auf der sanft hügeligen, nur 250 m hohen und 12 qkm großen Insel (die auch Amoulianí geschrieben wird) leben etwa 600 Menschen. Zwei miteinander konkurrierende Fährunternehmer stellen das ganze Jahr über eine regelmäßige Verbindung zum zwei Seemeilen ent-

fernten Hafenflecken Trypití auf dem Festland sicher, der noch zum Gemeindegebiet der Insel gehört. Noch bis vor wenigen Jahren lebten die Insulaner überwiegend vom Fischfang, von Versorgungsfahrten zu den Klöstern und von der inzwischen eingestellten Meersalzgewinnung.

Seit den 80er-Jahren des 20. Jhs. haben Sommerhäuser von Thessalonikern neue Einkommensquellen geschaffen, seit den 90er-Jahren entwickelt sich auch der ausländische Fremdenverkehr. So halten sich im August jetzt bis zu 10 000 Menschen täglich auf Amolianí auf. Einem weiteren Ausbau des Tourismus steht allerdings der Wassermangel der Insel im Wege. Zurzeit muss sie im Hochsommer noch per Tankschiff mit Wasser versorgt werden.

Trotz der geringen Entfernungen auf der winzigen Insel gibt es Asphaltstraßen, Autos und sogar eine Tankstelle. Für Fahrten vom Hafen zum Strand stehen aber auch Pferdewagen zur Verfügung. Fahrräder werden vermietet. Jedes Ziel kann man aber auch binnen einer Stunde zu Fuß erreichen. Historische Sehenswürdigkeiten besitzt die Insel nicht – abgesehen von dem kleinen Wehrturm eines Áthos-Klosters am Hafen, der durch Einbau einer Bar inzwischen aber fast bis zur Unkenntlichkeit verändert wurde. Auf Amolianí verbringt man den Tag am Strand und den Abend am Hafen, in dem im Sommer nicht nur Fischerboote und Ausflugsdampfer liegen, sondern auch schicke Segel- und Motoryachten.

Die Fähren zwischen Trypití und Amolianí verkehren mindestens siebenmal täglich zwischen etwa 7 und 18 Uhr (Juni–Sept. bis 20 Uhr). *PKW 2100 Drs., Person 160 Drs.*

RESTAURANTS

Janis

★ Taverne über dem winzigen Stadtstrand von Amolianí. Spezialitäten des Hauses sind die vielen überbackenen Fleisch- und Gemüsegerichte. *Kategorie 2*

Klimataria

Metzgereitaverne an der Hauptdurchgangsstraße des Ortes in Hafennähe. Über Holzkohle gegrilltes Fleisch und Lammköpfe, Kokoretsi und Hühnchen werden nach Gewicht verkauft und auch außer Haus geliefert. *Kategorie 3*

O Vasilis

Taverne mit schattiger Terrasse unmittelbar über dem Hafen. Frischer Fisch ist immer vorrätig; Wirtin Dimitra kann als Vorsitzende des örtlichen Kulturvereins Interessenten auch manches über die Inselgeschichte erzählen (auf Griechisch natürlich). *Kategorie 2*

HOTELS

Agionissi Resort

Das Hotel, das als einziges hier keinem Insulaner gehört, liegt etwa 2,5 km außerhalb des Dorfes oberhalb eines etwa 300 m langen Kiesstrandes; schönere Buchten sind in der Nähe. Alte Mountainbikes werden an Hotelgäste kostenlos verliehen. Pool, Tennisplatz, Wellnesscenter. *68 Zi., Tel. 0377/511 02, Fax 511 80, Kategorie 1 und 2*

Archontariki
Das einzige ganzjährig geöffnete Hotel der Insel, ein optisch ansprechender Natursteinbau, liegt ruhig am Dorfrand. Hotelgäste können Fahrräder ausleihen. *11 Zi., Tel. 0377/512 07, Fax 512 07, Kategorie 2 und 3*

Sun Rise
Das schon von der Fähre aus erkennbare Hotel auf dem Hügelrücken im Ortszentrum besitzt einen Pool. An Sommerwochenenden kann die Nachtruhe durch die jugendlichen Besucher eines benachbarten Cafés gestört werden. *46 Zi., Tel. 0377/512 73, Fax 511 74, Kategorie 2*

SPORT UND STRÄNDE

Alykes
★ Mit dem Pferdewagen sind es zwölf, zu Fuß 30 Minuten vom Inseldorf zum schönsten Strand: Alykes. An ihm liegt in einer Senke ein flacher See, der früher zur Salzgewinnung genutzt wurde. Ab Mitte Juni fällt er trocken. Im Winter sind hier mehrere Entenarten als Gastvögel zu sehen. Am Strand von Alykes werden Tretboote und Kanus vermietet; im Hafen kann man Motorboote mieten.

AM ABEND

Arsanas
Bar im und vorm historischen Wehrturm am Hafen.

Dibidus
Freiluftlokal an der Straße vom Dorf zum Alykes-Strand. An Sommerwochenenden manchmal griechische Livemusik, sonst Diskosound.

ZIELE IN DER UMGEBUNG

Schiffsausflüge
★ Ausflugsfahrten per Boot entlang der Küste der Áthos-Halbinsel täglich. Bei genügend Nach-

MARCO POLO TIPPS FÜR DIE HALBINSEL ÁTHOS

1. **Tageskreuzfahrt zum Berg Áthos**
Als Zaungast sehen, wo die Mönche wohnen (Seite 63)
2. **Dreniá-Inseln**
Badeinseln für Robinsonaden (Seite 66)
3. **Alykes**
Mit dem Pferdewagen zum Strand – nicht nur für Kinder ein Vergnügen (Seite 63)
4. **Bootswerften**
Bei Ierissós sehen, wie die traditionellen Kaikis gebaut werden (Seite 66)
5. **Hotel Skites**
Eine komfortable Oase der Ruhe am Rande der Mönchsrepublik (Seite 65)
6. **Restaurant Janis**
Überbackenes ist die Spezialität des Wirts auf Amolianí (Seite 62)

frage auch Inselrundfahrten per Fischerboot mit Badepausen an schönen Stränden.

OURANÓPOLIS (URANOPOLIS)

(119/E 4) Der Name Himmelsstadt, der so gut zu diesem Ort (770 Ew.) an der Grenze zur Mönchsrepublik zu passen scheint, ist in Wirklichkeit viel älter als diese. So hieß nämlich schon eine in heidnischer Zeit 316 v. Chr. gegründete antike Stadt, die in der Gegend des heutigen Trypití vermutet wird. Im 13. Jh. gehörte das Gebiet, auf dem heute Ouranópolis steht, zum Áthos-Kloster Vatopédi. Es unterhielt hier einen größeren Gutshof und einen mächtigen Wehrturm. Dieser *Turm von Prosphorion*, 1344 erbaut, steht noch heute am Anleger von Ouranópolis und ist das Wahrzeichen des Ortes.

Die Siedlung wurde 1922 von kleinasiatischen Flüchtlingen gegründet. Heute ist sie der bedeutendste Hafen für die Versorgung der Áthos-Klöster, aber auch ein im Sommer viel besuchter Ferienort. Ein kilometerlanger Sand- und Kiesstrand erstreckt sich vom Anleger bis Trypití und von dort nochmals viele Kilometer weiter bis Develiki am Nordende des Golfs. Die meisten Hotels stehen oberhalb der Küstenstraße zwischen Ouranópolis und Trypití auf und an niedrigen Hügeln.

Am interessantesten ist der Besuch in Ouranópolis am frühen Morgen. Dann strömen Besucher und Arbeiter ins Pilgerbüro, um sich ihr zuvor schon in Athen oder Thessaloníki beantragtes Visum zu holen und die fälligen Gebühren zu entrichten. Mönche entsteigen dem Bus aus Thessaloníki; alles versammelt sich am Anleger, wo schon die Fähre bereitliegt, die Menschen und Fracht nach Dáfni bringen soll, dem Einreisehafen der Mönchsrepublik. Ein Polizist steht an der Fähre, überprüft die Visa – ohne wird niemand an Bord gelassen. Gegen 9.30 Uhr legt das Linienschiff dann ohne eine einzige Frau an Bord ab.

BESICHTIGUNGEN

Frangokástello
Vom Turm am Anleger bis zur Grenze führt eine 2,3 km lange, nur anfangs asphaltierte Straße. Wo Soldaten unweigerlich jedes Weiterkommen verhindern, erkennt man die Ruinen einer Burg unbekannten Alters; östlich davon kann man das Haus des Torhüters vom Áthos erkennen, das aus dem 19. Jh. stammt. Im Umkreis der Burg legen Archäologen seit 1995 die Überreste eines der ältesten Klöster frei. Die Klosterkirche und Gräber früherer Äbte wurden bereits entdeckt.

Turm von Prosphorion
Der mächtige Wehrturm am Anleger von Ouranópolis wurde bereits 1344 erbaut. Er hatte die Aufgabe, das hier gelegene Klostergut zu schützen, die Ernten aufzunehmen und den Bewohnern bei Angriffen Unterschlupf zu bieten. Um 1850 stürzte sein oberstes Geschoss bei einem Erdbeben ein. Danach bekam er das bis heute erhaltene Dach. Mitte der 90er-Jahre wurde der Turm mit EU-Geldern restauriert. *Eine Innenbesichtigung ist nicht möglich*

Bungalowhotel Skites: ruhig in einem schönen Garten gelegen

RESTAURANTS

Athos
Taverne mit kretischen Wirten, netter Bedienung und schattiger Terrasse. *500 m vom Turm an der Straße zum Frangokástello, Kategorie 2*

Kokkinos
Gepflegte Fischtaverne unterhalb der Hauptstraße im Ortszentrum. Fasswein vom heiligen Berg. *Kategorie 1*

EINKAUFEN

Vyzantino
Großer Laden einer Familie, die aus Kappadokien stammt und seit 1924 in Ouranópolis lebt. Viele der angebotenen Ikonen wurden von Áthos-Mönchen gemalt; sogar russische Ikonen aus dem Kloster Pantelímonos sind darunter. Sehr schön sind auch die mit Naturfarben gefärbten Wollteppiche. *An der Uferpromenade nordwestlich des Turms von Prosphoron*

HOTELS

Eagles Palace
Hotel- und Bungalowanlage zwischen Küstenstraße und Sandstrand mit altem Baumbestand im Hotelpark. Meerwasserpool, Tennisplatz, Kinderclub, biologische Kläranlage. *4,5 km von Ouranópolis an der Straße nach Trypití. 167 Zi., Tel. 0377/310 47, Fax 313 83, Kategorie 1*

Pyrgos
Freundliches Hotel am Ortseingang unmittelbar an der Hauptstraße. *24 Zi., Tel. 0377/712 81, Fax 712 11, Kategorie 3*

Skites
★ Absolut ruhig gelegenes, beispielhaft in die Landschaft eingefügtes Bungalowhotel kurz vor der Grenze zur Mönchsrepublik. Üppig blühender Garten, moderne Zimmer mit den wahrscheinlich einzigen geschlossenen Duschkabinen Griechenlands. Die Deutsch, Englisch, Französisch und Italienisch sprechende Inhaberin Pola Bohn und ihre Tochter Karin veranstalten im Hotel und am kleinen Kieselsteinstrand davor auch Konzerte und Dichterlesungen fast privater Natur. *13 Zi. und 4 Apartments, an der Straße zum Frangokástello, 1,4 km vom Turm entfernt, Tel. 0377/711 40, Fax 713 22, Kategorie 1*

SPORT

Motorboote für Fahrten zu den vorgelagerten Inseln werden unmittelbar neben dem Anleger vermietet *(10 000 Drs. pro Tag)*. Wasserski, Windsurfen und Tretbootverleih an den Stränden vor den Hotels zwischen Ouranópolis und Trypití.

AM ABEND

Es gibt weder Diskotheken noch andere Musiklokale. In Ouranópolis schätzt man auch abends die Ruhe, sitzt vor den vielen Tavernen und Cafés am Meer.

AUSKUNFT

Athos City Travel Bureau
An der Fußgängergasse nördlich des Turms von Ouranópolis. Tel. 0377/711 50 und 711 02, Fax 713 93

ZIELE IN DER UMGEBUNG

Dreniá-Inseln (119/D 4–5)
★ Die auch *Gaidouronissia, Donkey Islands* oder Eselsinseln genannten, unbewohnten Eilande südöstlich von Amolianí sind ideale Ziele für einen Badeausflug. Hinüber kommt man mit einem gemieteten, selbst gesteuerten Motorboot, mit einem Taxiboot oder mit kleinen Ausflugsbooten, die ständig zwischen Ouranópolis und den Inselchen pendeln. Auf der schütter mit Ölbäumen bestandenen Hauptinsel haben im Sommer drei Tavernen geöffnet, auf einer zweiten eine kleine Strandbar. Fast alle Inseln haben schöne Sandstrände. Auf der Hauptinsel werden dort auch Liegestühle und Sonnenschirme angeboten, auf anderen Inseln kann man wie Adam und Eva die Einsamkeit genießen.

Ierissós (118/C 3)
Der 2800 Einwohner zählende Ort an der Ostküste der Áthos-Halbinsel ist mit seinem rechtwinkligen Straßennetz, vielen neuen Häusern und weiten Brachflächen dazwischen keineswegs schön. So gibt es trotz eines kilometerlangen Grobsandstrandes kaum ausländische Touristen. Fast jeder aber hält, wenn er auf der Küstenstraße an den traditionellen ★ Bootswerften entlangfährt, die unmittelbar am Ufer zwischen dem Hotel Mount Athos und dem Ort liegen. Überwiegend unter freiem Himmel entstehen hier die traditionellen, hölzernen Kaikis, die als Ausflugs- und Fischerboote noch immer begehrt sind. Die Werftarbeiter haben meist nichts dagegen, wenn man auf dem Gelände herumspaziert.

Néa Róda (119/D 3)
Néa Róda an der Ostküste ist ebenfalls kein ansehnlicher Ort und wird daher trotz langem Sandstrand fast nur von griechischen Sommergästen besucht. Die Straße, die von Trypití aus an der Westküste hinüberführt, verläuft teilweise durch eine deutlich erkennbare Senke. Eine Hinweistafel macht darauf aufmerksam, dass durch diese Senke in der Antike der Xerxes-Kanal verlief. Ob er je fertig gestellt wurde, weiß man nicht mit Sicherheit. Wie der griechische Historiker Herodot berichtet, hat der persische König Xerxes den etwa 2,9 km langen Kanal ausheben lassen, um seiner Flotte

Auf der Bootswerft von Ierissós werden traditionelle Kaikis gebaut

die gefährliche Umsegelung des Berges Áthos zu ersparen. Bei einem früheren Versuch 490 v. Chr. war ihm dabei nämlich ein Teil seiner Flotte verloren gegangen.

REPUBLIK ÁTHOS

(**124–125**) Die Linienschiffe, die die Mönchsrepublik täglich mit Ouranópolis verbinden, legen auf ihrer etwa dreistündigen Fahrt zur Hafensiedlung mehrfach kurz an den Anlegern küstennaher Klöster an. In Dáfni warten schon Limousinen und Unimogs auf die ankommenden Mönche und ein Bus auf die ankommenden Pilger. Meist völlig überladen fährt er in etwa 45 Minuten hinauf in den einzigen Ort auf dem heiligen Berg, Karyés. Sowohl in Dáfni als auch in Karyés gibt es Tavernen und Pilgerherbergen. Karyés als Hauptort besitzt außerdem ein Post- und ein Telegrafenamt, eine Polizeistation und mehrere Lebensmittel- und Souvenirgeschäfte. Hier residiert der griechische Gouverneur, hier tritt regelmäßig die *Ierá Kinótis* zusammen, die heilige Gemeinschaft. Jedes der 20 Áthos-Klöster entsendet in dieses oberste Verwaltungsorgan einen Vertreter.

Von den seit 1924 verbindlich auf 20 begrenzten Klöstern sind 17 griechisch-orthodox. Je eins ist russisch-, serbisch- und bulgarisch-orthodox. Zusätzlich zu den Klöstern gibt es noch zwölf *Skiten*, die immer einem der Klöster unterstellt sind. In ihnen leben die Mönche wie in einem Weiler zusammen. Einer dieser Skiten ist rumänisch-orthodox.

Unbefestigte Straßen verbinden die Klöster und Skiten heute miteinander. Die alten Eselspfade werden von der Natur zurückerobert und höchstens noch von ein paar ausländischen Besuchern benutzt. Die Klöster betreiben inzwischen über 100 Kraftfahrzeuge und setzen sogar Unimogs als Taxis für Pilger ein.

Die Besucher sind aber bei weitem nicht die einzige Einnahmequelle. Manche Mönche betreiben Landwirtschaft, einige Klöster haben Privatfirmen das Recht auf Ausbeutung ihres Waldbesitzes übertragen. Es gibt Mönche, die Souvenirs für die Pilger herstellen, und andere, die Ikonen malen. Die EU hat umfangreiche Mittel zur Verfügung gestellt, um die Klöster zu restaurieren, zu modernisieren und ihre Kunstschätze zu erhalten.

Das Leben in den Klöstern läuft trotz mancher Neuerungen noch immer nach sehr strengen Regeln ab. Acht Stunden nach dem Sonnenuntergang findet täglich ein etwa zweieinhalbstündiger Gottesdienst statt, zwei Stunden vor Sonnenuntergang ein etwa einstündiger Vespergottesdienst. Die kärglichen Mahlzeiten werden gemeinsam eingenommen. Montags, mittwochs und freitags ist Fastentag, dann gibt es nur eine einzige Mahlzeit. Die meisten Klöster beherbergten in vergangenen Jahrhunderten mehrere Hundert Mönche. Entsprechend groß sind die Gebäude. Jedes Kloster besitzt zumindest einen mächtigen Wehrturm, in den man sich im Verteidigungsfall zurückziehen konnte. Hohe Mauern umgeben die meisten Klöster. Zahlreiche Anbauten lassen manche von ihnen wie Burgen oder ganze Dörfer erscheinen. Besonders beeindruckend sind die Erker und Balkone, die oft in atemberaubender Technik über tiefen Abgründen oder Steilküsten angelegt wurden. In den Klosterkirchen stellen die vielen Ikonen und Fresken Kunstschätze von höchstem Wert dar.

Als Pilger mit Visum darf man maximal drei Nächte auf dem Áthos verbringen. Meistens meldet man sich vor dem Eintreffen telefonisch an. Am Tor zeigt man sein *Diamonitírion* genanntes Visum, wird mit einem Schnaps und einer Süßigkeit begrüßt und erhält dann ein Bett in einem Mehrbettzimmer zugewiesen. Elektrisches Licht gibt es nicht, wohl aber zumeist sehr gepflegte, moderne Toiletten und Waschräume. Bettwäsche wird zur Verfügung gestellt. Es wird erwartet, dass die Besucher an den Gottesdiensten teilnehmen. Das Essen nimmt man gemeinsam mit oder getrennt von den Mönchen im Refektorium ein.

BESICHTIGUNGEN

Klosterbesuche sind nur einigen wenigen ausländischen Reisenden möglich; selbst ihnen aber ist eine Besichtigung der Klöster im üblichen Sinne verwehrt. Die Mönche sehen sie offiziell als Pilger an, nicht als Touristen. Die nachfolgenden Kurzinformationen beschränken sich daher auf die Klöster, die man bei einer Bootsfahrt entlang der Westküste sieht und die von einem Fremdenführer an Bord zumindest benannt, manchmal auch etwas eingehender erklärt werden. Sie sind hier in der Reihenfolge angeordnet, die dem tatsächlichen Fahrtablauf entspricht.

Kloster Dochiaríou **(124/C 4)**
Das in der Rangordnung des Áthos an zehnter Stelle stehende Kloster wird 1030 erstmals urkundlich erwähnt. Hinter hohen, festungsartigen Mauern zieht es sich über eine Felsnase einen

Hang weit hinauf. Im oberen Teil ragt ein mit Zinnen bekrönter Turm hoch auf. Die 1568 geweihte Klosterkirche besitzt den reichsten und besterhaltenen Freskenschmuck aller Gotteshäuser auf dem heiligen Berg.

Kloster Xenofóntos **(124/C 4)**
Das Kloster, in dem etwa 45 Mönche leben, ist die Nummer 16 unter den Áthos-Klöstern. Seine Hauptkirche stammt aus dem frühen 19. Jh.

Kloster Pantelímonos **(124/C 4)**
Das russisch-orthodoxe Kloster wirkt durch seine Größe und die vielen, höchst unterschiedlich geformten Türme und Türmchen besonders pittoresk. Es wurde im 12. Jh. gegründet und war vor der Oktoberrevolution ein belebtes und von Pilgern viel besuchtes Kloster. Seine Mönche sind russischen Ursprungs, mussten aber bei ihrem Eintritt ins Kloster wie jeder sich auf dem Áthos niederlassende ausländische Mönch die griechische Staatsbürgerschaft annehmen.

Dáfni **(125/D 5)**
Beim Vorüberfahren am Hafenort der Mönchsrepublik sind deutlich ein paar große Gebäude zu erkennen, die zumeist der Verwaltung dienen. In ihnen sind heute Zoll, Polizei, Hafenpolizei und Post untergebracht.

Kloster Simonópetra **(125/D 5)**
Das auf einem steilen Felsvorsprung in über 200 m Höhe erbaute Kloster aus dem 13. Jh. wird noch von etwa 70 Mönchen bewohnt. Mit seinen acht Stockwerken erinnert es an tibetanische Klöster. Die Bauten sind erst nach einem Großbrand 1891 nach alten Plänen überwiegend neu errichtet worden.

Kloster Grigoríou **(125/D 5)**
Das Kloster aus dem 14. Jh., in dem noch etwa 50 Mönche leben, ist dem hl. Nikolaus geweiht. Wegen seines relativ späten Gründungsdatums rangiert es in der Klosterhierarchie nur an 17. Stelle.

Kloster Dionysíou **(125/D 5)**
Das noch von etwa 45 Mönchen bewohnte Kloster steht auf einem 80 m hohen Felsen nahe dem Meer. Seine auf hölzerne Spreizbalken gestützten drei Obergeschosse ragen weit über die Außenmauern des Klosters hinaus. Darin zu leben erfordert wirklich Gottvertrauen.

Kloster Agíou Pávlou **(125/D 5)**
Etwa 50 Mönche leben in diesem dem Gipfel des über 2000 m hohen Berges Áthos am nächsten gelegenen Kloster.

Néa Skíti **(125/E 6)**
Nach Passieren des Paulus-Klosters sind nur noch Skiten und Kellien am Áthos-Steilhang zu sehen, jeweils von einem Kloster abhängige, kleinere Mönchsgemeinschaften. Hier wendet nun der Ausflugsdampfer und kehrt in den Ausgangshafen zurück.

AUSKUNFT

Iera Epistasia Agiou Orous Grafio Proskiniton
Das Pilgerbüro der Republik Áthos gibt Auskunft über die Einreisemöglichkeiten. *54638 Thessaloníki, Leofóros Karamanlí 14, Tel. 051/86 16 1, Fax 83 37 33*

ΑΡΙΣΤΟΤΕΛΗΣ
Ο
ΣΤΑΓΕΙΡΙΤΗΣ

Große Bergdörfer und antike Stätten

Abseits der Küsten ist der Tourismus noch Nebensache

Wenn die Halbinseln Kassándra, Sithonía und Áthos die drei Finger der Chalkidikí sind, ist das Hinterland die Handfläche. Es besteht nicht nur aus Bergen und Tälern, sondern grenzt auf drei Seiten auch ans Meer. So sind auch hier durchaus attraktive Badeorte und Strände zu finden.

Die Berge sind im Ypsizónos Óros bis zu 1165 m hoch. Weite Teile des Binnenlands sind mit Wäldern bedeckt, die holzwirtschaftlich intensiv genutzt werden. So schlägt man hier alljährlich auch einen großen Teil des griechischen Bedarfs an Weihnachtsbäumen, die in Hellas zunehmend in Mode kommen. Eine bedeutende Rolle spielt die Schaf- und Ziegenzucht. Die Wolle der Tiere wurde früher zu Teppichen, Decken und allerlei anderen traditionellen Webwaren verarbeitet; auch heute findet man in manchen der Bergdörfer noch schöne alte und neue Stücke. Von größerer wirtschaftlicher Bedeutung ist für das Binnenland der Chalkidikí heute aber der Bergbau. Magnesit wird bei Vávdos und Gerakiní abgebaut, bei Olympiás ist die Ausbeutung größerer Goldlagerstätten durch ein kanadisches Unternehmen geplant.

Die Urlauber erschließen sich die Schönheiten des chalkidischen Hinterlandes am besten durch ein oder zwei Mietwagentouren. Außer kleinen und großen Bergdörfern, in denen man teilweise sogar übernachten kann, und schöner Berglandschaft gibt es auch einige bedeutende historische Sehenswürdigkeiten zu entdecken: insbesondere die antike Stadt Ólynthos und das alte Stágira, den Geburtsort des großen Philosophen Aristoteles.

Aristoteles-Statue in Stágira, dem Geburtsort des großen Philosophen

ARNÉA (ARNAIA)

(**117/E 1**) Arnéa (2230 Ew.) ist das Bilderbuchstädtchen der Chalkidikí. Obwohl für den Bau der heutigen Hauptstraße viele alte Häuser abgerissen wurden, stehen hier noch immer mehr und besser erhaltene Herrenhäuser aus dem 18. und 19. Jh. als anderswo. Sie konzentrieren sich vor allem in der Umgebung des 590 m über dem Meeresspiegel

gelegenen Hauptplatzes. Trotz einer alten Platane und des Dorfbrunnens ist er wenig romantisch: Er ist Teil der Durchgangsstraße und zugleich Busbahnhof und Parkplatz. Um die Schönheiten Arnéas zu entdecken, muss man aber nur ein paar Schritte in die Seitengassen hineingehen. Mehrere der alten Häuser, die einst wohlhabenden Kaufleuten gehörten, wurden inzwischen mit EU-Hilfe restauriert und innen modernisiert. Eins ist jetzt Museum, ein anderes ein äußerst stimmungsvolles Hotel. Von den traditionellen Erwerbszweigen der Arnaier zeugen noch einige Geschäfte an der Platía. Jahrhundertelang widmete man sich hier der Imkerei und vor allem der Herstellung von Flokatis genannten Schafwollteppichen, von Webdecken und Wollkleidung. Die Viehzüchter der Umgebung lieferten auch Leder für die Schuster. Die Wälder der Umgebung förderten ein florierendes Zimmermannsgewerbe. Heute spielen nur noch Holzverarbeitung und Imkerei eine nennenswerte Rolle.

BESICHTIGUNGEN

Agía Paraskeví-Wäldchen
Der lichte Eichenwald am unteren Stadtrand ist das ganze Jahr über ein beliebter Picknickplatz der Einheimischen. Außer der Kirche der hl. Paraskeví gibt es hier auch mehrere Brunnen, einen kleinen Teich und Kinderspielgeräte sowie ein der Gemeinde gehörendes Café. Alljährlich am 25. und 26. Juli findet in diesem Wäldchen eins der größten Kirchweihfeste der Chalkidikí mit dazugehörigem großem Markt statt. *An der mit dem Wanderwegweiser Route A5 markierten kleinen Straße, die am Rathaus von Arnéa beginnt, ca. 700 m vom Rathaus entfernt*

MARCO POLO TIPPS FÜR DAS CHALKIDISCHE HINTERLAND

1 Hotel Archontiko Mitsiou
Hotel in einem Herrenhaus aus dem 19. Jh. in Arnéa (Seite 74)

2 Petrálona
Tropfsteinhöhle, in der schon vor 700 000 Jahren Menschen hausten (Seite 78)

3 Taverne O Sogámbros
Noch besser als das Essen ist der Wirt – ein Original in Taxiárchis (Seite 75)

4 Ólynthos
Die interessantesten Ausgrabungen der Chalkidikí (Seite 77)

5 Ausgrabungen von Olympiás
Sehen, wo der Philosoph Aristoteles geboren wurde (Seite 75)

6 Vrástama
Sanddornschnaps ist die Spezialität des Bergdorfs (Seite 79)

Arnéa: ein chalkidisches Städtchen wie aus dem Bilderbuch

Glockenturm und Alte Schule
Der wohl proportionierte, 1889 aus gelblichem Stein und roten Ziegelbändern errichtete Glockenturm der Kirche Ágios Stéfanos ist das Wahrzeichen der Stadt. An ihn schließt sich unmittelbar der kleine Bau der 1871 errichteten Alten Schule an, der ältesten noch erhaltenen der Chalkidikí. *Wenige Meter abseits der Hauptstraße unterhalb der Platía*

Herrenhäuser
Die meisten alten Häuser in Arnéa wurden zwischen 1850 und 1940 gebaut. Meist sind sie zwei- oder dreigeschossig. Zu ihren Charakteristika gehören Balkone und Erker und vor allem Obergeschosse, die über die unteren Etagen vorkragen und so zusätzlichen Platz bieten. Besonders schön sind das heute als Hotel eingerichtete Mitsiou-Haus und das als Museum genutzte Katsangelos-Haus *(beide wenige Schritte von der Platía, von dort gut zu sehen).*

Bescheidener, aber durch seinen trapezförmigen Grundriss und seine vorspringenden Erker besonders reizvoll ist das Papá-Varános-Haus, das heute noch von einer Farben- und Eisenhandlung und als Wohnung genutzt wird. *Von der Hauptstraße Richtung Thessaloníki hinter der ATE-Bank rechts die Straße abwärts bis zum ersten kleinen Platz*

MUSEUM

Folklore-Museum
Im Katsángelos-Haus, das vor dem Krieg einem reichen Pferdehändler aus Arnéa gehörte, ist jetzt eine volkskundliche Ausstellung zu sehen. *Auskunft im Hotel*

RESTAURANTS

Kafeníon
⊛ In einem ebenfalls mit EU-Hilfe restaurierten Haus betreibt die Gemeinde ein zwar modern eingerichtetes, aber ganz traditionell geführtes Kaffeehaus, das für ältere einheimische Männer der bevorzugte Treffpunkt für Gespräche beim Karten- und Brettspiel ist. *Gegenüber vom Hotel im Mitsiou-Haus, Kategorie 3*

Platanos
Restaurant an der Platía mit großer Auswahl. Der Wirt ist Vorsitzender der Imkervereinigung von Arnéa und lässt Besucher gern seinen Honig kosten. *Kategorie 3*

EINKAUFEN

Mitsiou
Ein kleiner Laden im Hotel, der vor allem anspruchsvolle Stick- und Webarbeiten im traditionellen Stil anbietet.

Wochenmarkt
Jeden Mittwoch an der Hauptstraße.

HOTEL

Archontiko Mitsiou
★ Der Gemeinde gehörendes, ganz traditionell eingerichtetes Hotel im restaurierten Herrenhaus Mitsiou. Mit seinen drei Geschossen gehört es zu den schönsten des Dorfes. Der ehemalige Salon, in dem Gäste bewirtet wurden, dient heute als Frühstücksraum. *6 Zi., Tel. 0372/227 44, Fax 229 88, Kategorie 2*

AM ABEND

Auf Abendunterhaltung der üblichen Art muss man in Arnéa verzichten. Man sitzt auf dem Dorfplatz zusammen.

AUSKUNFT

Dímos Arnéas (Stadtverwaltung)
Dimarchío (Rathaus), Tel. und Fax 0372/229 88

ZIELE IN DER UMGEBUNG

Megáli Panagía (118/A 2)
Das auch Reveníkia genannte Dorf (2620 Ew.) besitzt ebenfalls noch viel alte, allerdings noch nicht restaurierte Bausubstanz. Besondere Bedeutung gewinnt es in der ersten Augusthälfte, wenn hier tausende von Pilgern an der 2 km außerhalb gelegenen Wallfahrtskirche der Gottesmutter zusammenströmen. Sie wurde nach der wundersamen Auffindung einer Marienikone 1860 erbaut und nach einem Erdbeben 1932 neu errichtet. Noch aus der ersten Kirche stammen die großartigen Holzschnitzereien am Bischofsthron und an der Ikonostase. *Frei zugänglich, im Dorf dem nur Griechisch beschrifteten Wegweiser folgen, der mit dem Wort IEPO beginnt*

Olympiás (Olympiáda) (113/D 4–5)
Der fast nur von Griechen besuchte Küstenort (640 Ew.) mit

schönen Stränden wurde 1923 von kleinasiatischen Flüchtlingen gegründet. Nur wenige Hundert Meter von der heutigen Siedlung entfernt stand aber auch in der Antike schon eine Stadt: Das alte *Stágira*, 384 v. Chr. Geburtsort des Philosophen Aristoteles. Noch andauernde ★ Ausgrabungen auf der kleinen, felsigen Halbinsel Liotópi unmittelbar östlich Olympiás haben bisher vor allem die Stadtmauern, mehrere Häuser und Straßen ans Tageslicht gebracht. *Frei zugänglich*

Pyrgadíkia (118/A 4)
Das von Flüchtlingen 1923 gegründete Küstendorf (480 Ew.) zieht sich vom kleinen Hafen den steilen Hang eines Kaps hinauf. Einen Zwischenstopp lohnen die beiden Fischtavernen *O Stavros* und *O Vasilis* am Bootsanleger *(Kategorie 2)*.

Stágira (Stájira) (113/D 6)
Die 520 Bewohner des Bergdorfs, das heute den Namen des antiken Stágira trägt, finden sich nur schwer damit ab, dass ihr Dorf nach der Entdeckung des alten Stágira bei Olympiás nicht mehr als Geburtsort des Aristoteles gilt. Man ist weiterhin stolz auf ihn und hat ihm in einer Parkanlage nahe der Hauptstraße ein Denkmal errichtet, über dem die griechische Flagge weht. Ein paar Schritte davon entfernt ragen noch die spärlichen Überreste einer türkischen Festung aus dem 16. Jh. auf. *Frei zugänglich*

Stratónion (Stratoniki) (118/C 1)
Im meist Stratóni genannten Dorf (1420 Ew.) an der Küste wird Bergbau betrieben. Als Badeort ist es daher indiskutabel.

Taxiárchis (117/D 2–3)
Das stille Bergdorf (1310 Ew.) lebt von der Forstwirtschaft und Imkerei. Unter anderem hat man sich hier auf den Anbau von Fichten und Tannen für Weihnachten spezialisiert. Zum Erlebnis wird ein Besuch in der ★ Taverne *O Sogámbros* außerhalb des Dorfes an der Straße von Arnéa nach Taxiárchis. Ein Original ist der Wirt, der unter hohen Eichen nicht nur Wildschwein und würzige Landwürste, Rotwein vom Berg Áthos

Urlaub auf dem Lande

Die Mitglieder der Hoteliersvereinigung der Chalkidikí blicken über den eigenen Tellerrand. Man unterstützt mit Werbung und Know-how ein europäisches Entwicklungsprogramm, das auch ein wenig Fremdenverkehr in die Bergdörfer der Chalkidikí tragen soll. Eine Übernachtung in einem echten Bauerndorf lässt sich gut in eine zwei- oder dreitägige Rundreise einbauen und vermittelt Eindrücke, wie man sie in den Küstenorten nicht gewinnen kann. Privatzimmer gibt es bisher in Megáli Panagiá, Stanós, Taxiárchis, Vávdos und Vrástama. Fragen Sie danach in den örtlichen Kaffeehäusern, im Rathaus von Arnéa oder am Schalter der Chalkidikí Hotel Association in der Ankunftshalle des Flughafens von Thessaloníki.

und Kastanienhonig serviert, sondern auch Weihnachtsbäume verkauft und selbst gebrannten Tresterschnaps *(Kategorie 3)*.

GERAKINÍ (JERAKINI)

(**116/C 5**) Gerakiní (500 Ew.) ist ein zweigeteilter Ort. Landeinwärts liegen nördlich der Küstenstraße die alte Bergarbeitersiedlung und die Magnesitwerke der Region. Am Meer entlang erstreckt sich die neue Küstensiedlung mit Hotels, Tavernen und Geschäften. Die Magnesitverschiffungsanlage stört hier das Strandleben kaum. Wenn kleinere Frachter anlegen oder größere draußen auf Reede mit Hilfe von Lastkähnen beladen werden, ist das eher eine freudig zur Kenntnis genommene Abwechslung. Sehenswürdigkeiten oder gar Museen hat der Ort nämlich nicht zu bieten.

RESTAURANT

Días

Taverne mit Deutsch und Englisch sprechendem Wirt im kleinen Hotel Olympion Beach. Auf der Speisekarte stehen auch sonst nur selten angebotene Spezialitäten wie der gegrillte Käse *haloúmi* oder sauer eingelegter Thunfisch *(tonnolagérda). An der Uferstraße, Kategorie 2*

HOTELS

Aphroditi Beach

Von einem französisch-griechischen Paar sehr familiär geführtes Hotel unmittelbar am Strand mit schönem Garten, gutem Restaurant und hervorragendem Preis-Leistungs-Verhältnis. Die Wassersportangebote des benachbarten Hotels *Gerakina Beach* können gegen Gebühr mitbenutzt werden. *15 Zi., unmittelbar*

Überreste der antiken Stadt Ólynthos

östlich des Großhotels Gerakina Beach, Tel. 0371/514 44, Fax 514 74, Kategorie 3

Gerakina Beach

Hotelanlage mit Haupthaus und Bungalows auf 122 000 qm. Pool, beheizbares Hallenbad, Sauna, drei Tennisplätze, Kinderclub und Animationsprogramm, großes Wassersportangebot, behindertenfreundlich. *503 Zi., Tel. 0371/513 37, Fax 521 18, Kategorie 2*

Martha's Haus

Zweigeschossiges Strandhotel mit Apartments für bis zu 5 Personen; 1 km westlich des Ortszentrums. *55 Apartments, Tel. 0371/522 13, Fax 511 00, Kategorie 2*

ZIELE IN DER UMGEBUNG

Néa Moudaniá (Néa Mudaniá) (116/A 6)

Die große, überwiegend aus neueren Häusern bestehende Küstengemeinde (4400 Ew.) gilt als Tor zur Kassándra und zur Sithonía. Im Auto fährt man auf der Schnellstraße daran vorbei; für Linienbusse aber ist der Ort ein wichtiger Verkehrsknotenpunkt. Sehenswürdigkeiten gibt es nicht.

Ólynthos (116/B 5)

★ Einige Kilometer abseits des Meeres liegt zwischen der Kassándra und der Sithonía in der überwiegend von Getreidefeldern ausgefüllten Ebene das große Dorf Néa Ólynthos (1080 Ew.). Etwa 2 km außerhalb des heutigen Dorfes legen Archäologen auf einem Hügel die Überreste der antiken Stadt Ólynthos frei. Vom Kassenhäuschen führt ein 700 m langer, von Oleander gesäumter, aber völlig schattenloser Weg hinauf. Kurz vor seinem Ende zweigt ein Pfad nach rechts oben auf eins der beiden Gipfelplateaus des Hügels ab. Dort liegen die eher spärlichen Ruinen der bereits im 6. Jh. v. Chr. gegründeten Stadt. Viel interessanter ist das jüngere Grabungsfeld auf dem Plateau am Ende des Weges: Hier bedecken die Ausgrabungen eine weite Fläche, sind Grundrisse vieler Häuser und gepflasterte Straßen noch deutlich zu erkennen. Dieser neuere Teil des antiken Ólynthos wurde erst nach 432 v. Chr. gegründet. Die Flotte der Athener bedrohte damals die Städte der Chalkidikí. Die Bewohner mehrerer Küstenstädte beschlossen daraufhin, ihre Heimat zu verlassen und sich im sichereren Ólynthos niederzulassen. Alle Neusiedler erhielten daraufhin auf diesem zweiten Hügelplateau per Losentscheid gleich große Grundstücke zugewiesen, auf denen sie bauen durften. Das Straßennetz der Stadt entstand auf dem Reißbrett und ergab ein Schachbrettmuster. Die Innenraumaufteilung der Häuser war zwar unterschiedlich, folgte aber einem gemeinsamen Grundprinzip. Stets führte der Eingang auf einen Innenhof. Von ihm gingen mehrere Repräsentationsräume ab. Eine Treppe führte hinauf in ein Obergeschoss, in dem die Wohnräume lagen. In drei der Häuser sind noch die damals allgemein üblichen Mosaike zu sehen. Zwei sind rein geometrisch, eins zeigt zwei Greife, die gerade einen Hirsch schlagen. 348 v. Chr. zerstörte Philipp II., der Vater von Alexander dem Großen, die Stadt; ihre Bewohner wurden

getötet oder in die Sklaverei verkauft. *Di–So 8–14.30 Uhr, an der Küstenstraße und im Dorf Néa Ólynthos ausgeschildert*

Ormýlia **(117/E 5)**
Das große Binnendorf (2800 Ew.), 7 km abseits der Küste, hat einen alten Ortskern mit mehreren stattlichen Häusern aus dem vorigen Jahrhundert.

Petrálona **(115/E 3)**
★ Ein gut besuchtes Ausflugsziel auf der Chalkidikí ist die Tropfsteinhöhle beim Dorf Petrálona (380 Ew.). In der Höhle wurde der Schädel eines Menschen gefunden, der vor etwa 200 000 Jahren gelebt haben muss. Primitive Steinwerkzeuge lassen sogar darauf schließen, dass die Höhle schon vor etwa 700 000 Jahren von Menschen genutzt wurde. Gefunden wurden auch Knochen manch längst ausgestorbener Tierarten, von Frühformen der Hyäne, des Löwen und des Nashorns. Ein Rundgang durch die stets 17 bis 18 Grad kühle Höhle dauert etwa 30 Minuten; man sieht dabei außer verschiedenen Tropfsteinformationen auch einige mit Puppen in Menschengröße nachgestellte Szenen. Sie sollen einen Eindruck vom Leben in der Höhle während der Altsteinzeit geben. *Tgl. 9 bis 19 Uhr, Nov.–März nur bis 15 Uhr, Zufahrt zur Höhle gut ausgeschildert*

POLÝGYROS

(116/C 3) Die Verwaltungshauptstadt der Chalkidikí (6000 Ew.) liegt auf über 500 m Höhe in einer Talmulde. Stillose Neubauten und verfallende ältere Häuser sind bunt durcheinander gemischt. Von Schönheit kann keine Rede sein. Als Standort für Urlauber, die nicht unbedingt das Meer vor der Hoteltür brauchen, ist es dann geeignet, wenn man Ruhe und Ursprünglichkeit sucht und das etwas kühlere Klima zu schätzen weiß. Linienbusse fahren von hier aus in viele Orte der Kassándra und der Sithonía.

MUSEUM

Archäologisches Museum
Im einzigen archäologischen Museum der Chalkidikí werden hauptsächlich Grabfunde aus verschiedenen antiken chalkidischen Städten wie Ólynthos, Ierissós und Toróni ausgestellt. Auch einige Architekturfragmente vom Tempel des Ammon Zeus in Kallithéa auf der Kassándra sind zu sehen. Besonders eindrucksvoll sind die etwa 60 cm hohe Figur eines nackten Jünglings (Kouros) aus archaischer Zeit, Goldschmuck aus der Zeit um 300 v. Chr. und einige Terrakotten, die alltägliche Szenen wiedergeben, wie z. B. Brotteig ausrollen oder Brot backen. Auch eine Figur in einer Badewanne ist zu entdecken. *Di–So 8.30–15 Uhr, Platía Iróou (am Rand der Innenstadt an der Straße nach Thessaloníki)*

RESTAURANTS

Epikouros
Gepflegte Taverne im Stadtzentrum auf einer kleinen Terrasse unter hoher Platane. *Odós Polytechníou/Ecke Odós Voulgaroktónou, Kategorie 3*

Exi Vryses
Restaurant im kleinen Stadtpark am Busbahnhof. *Kategorie 3*

EINKAUFEN

Acordo Music House
Gute Auswahl an Schallplatten mit moderner und traditioneller griechischer Musik. *Odós Polytechníou 35*

Agiografeio Tavitha
Kleines Spezialgeschäft für Ikonen und moderne griechische Kunst, Drucke und Karten. Nicht auf Touristen, sondern auf einheimische Kundschaft ausgerichtet. *Odós Geórgios Tertséti 3 (zwischen Telefonamt OTE und Gerichtsgebäude)*

HOTEL

Glava
Ganz ruhig am Berghang oberhalb der Stadt nahe beim Krankenhaus gelegenes Hotel mit gut Englisch sprechendem und für seine Gäste grillendem Wirt. *18 Zi., nur Mai–Sept., Entfernung vom Zentrum 800 m. Tel. 0371/242 22 und 232 48, Kategorie 3*

AUSKUNFT

Touristenpolizei
Platía Iróou (am Rand des Stadtzentrums beim nicht zu übersehenden Gartencafé Tiberius), Tel. 0371/ 234 96, Fax 228 20

ZIELE IN DER UMGEBUNG

Galátista **(116/A 2)**
In dem großen Dorf (2700 Ew.) an der Hauptstraße von Arnéa und Polýgyros nach Thessaloníki steht weithin sichtbar ein mächtiger Turm aus dem 14. Jh., also aus byzantinischer Zeit. *Keine Innenbesichtigung möglich*

Vrástama **(117/D-E 3)**
★ ◎ Das abseits aller Durchgangsstraßen gelegene Bergdorf (1250 Ew.) besitzt einen ursprünglichen Dorfplatz mit mehreren guten Kaffeehäusern. Der Wirt im Kaffeehaus *To Kentro* serviert auch den äußerst seltenen, in diesem Ort aber gebrannten Sanddornschnaps *Koúmaro.*

Lieblich gehügelt ist die Umgebung von Vrástama

Mehr von Griechenland entdecken

Organisierte Tagesausflüge führen bis zum Olymp und zu den Metéora-Klöstern

Die Chalkidikí ist ein schöner Teil Griechenlands, aber keineswegs repräsentativ für ganz Hellas. Wer einen umfassenderen Eindruck von Land und Leuten gewinnen will, muss die Drei-Finger-Welt verlassen.

Ein Besuch in Thessaloníki lohnt auf jeden Fall. Diesen Ausflug kann man mit dem Linienbus ebenso gut unternehmen wie mit dem teureren Ausflugsbus. Ein Mietwagen ist für diese Tour wegen der Parkplatzprobleme vor Ort nicht zu empfehlen.

Die anderen Höhepunkte Makedoniens liegen weiter von der Chalkidikí entfernt. In Vergína gehören die makedonischen Gräber zu den bedeutendsten antiken Stätten des Landes. Im Museum von Díon steht eine der ältesten Orgeln der Welt. Eine Fahrt zu den Metéora-Klöstern ist ein schönes Landschaftserlebnis: Man kommt nahe am Olymp vorbei und steht staunend vor den mit Klöstern bekrönten Felsnadeln im Pínios-Tal. Für all diese Touren empfiehlt sich die Teilnahme an organisierten Busausflügen. Ein Mietwagen ist hingegen unerlässlich, wenn man Phílippi besuchen möchte, wo einst der Apostel Paulus die erste christliche Gemeinde auf europäischem Boden gründete. Organisierte Ausflüge dorthin werden nämlich nur selten angeboten. Unterwegs kann man Kavála mit seiner schönen Altstadt und prächtigen Villen aus der Zeit um die Jahrhundertwende besuchen.

Russánou ist das kleinste Kloster auf den imposanten Metéora-Felsen

DÍON

(**O**) Díon liegt 90 km südwestlich von Thessaloníki in der Küstenebene zu Füßen des 2917 m hohen Olymp. Am Dorfrand graben Archäologen eine ummauerte Stadt aus, die im 5. und 4. Jh. v. Chr. eins der beiden großen kultischen Zentren Makedoniens war.

MARCO POLO TIPPS FÜR MAKEDONIEN

1 Weißer Turm
Wahrzeichen von Thessaloníki und interessantes Museum (Seite 87)

2 Marktviertel
Im Marktviertel von Thessaloníki spürt man noch einen deutlichen Hauch des Orients (Seite 86)

3 Museum von Vergína
Sehen, wo Philipp II., der Vater von Alexander dem Großen, ruht (Seite 88)

4 Metéora-Klöster
Eine unvergleichliche Landschaft und Klöster, die auch Frauen betreten dürfen (Seite 83)

BESICHTIGUNG

Eine antike Straße führt ins Grabungsgelände hinein. Gleich links oberhalb davon liegen ein kleines römisches Theater *(Odeon)* und die römischen Thermen sowie zwischen Odeon und Straße eine gut erhaltene Gemeinschaftslatrine. Rechts der Straße sind die Grundrisse einer großen römischen Villa zu erkennen. Auf der anderen Seite der modernen Straße, die durch das Ausgrabungsgelände führt, sind in einem idyllischen Wäldchen die gut erhaltenen Mauern eines Isis-Heiligtums zu finden. Am Weg zum Dorf ist deutlich das große Theater aus dem späten 5. Jh. v. Chr. zu erkennen. *Tgl. 8 Uhr bis Sonnenuntergang oder 19 Uhr*

MUSEUM

Archäologisches Museum
Das bedeutendste Ausstellungsobjekt im dreigeschossigen Museum mitten im Dorf ist eine erst 1992 entdeckte Orgel aus dem 2. Jh. *Im Sommer tgl. 8–19 Uhr, im Winter bis 17 Uhr, Sa und So 8.30–15 Uhr*

HOTEL

Díon
Kleines, modernes Hotel im Dorf. *20 Zi., Tel. 0351/53336, Kategorie 3*

KAVÁLA

(**U/F7**) Der historische Stadtkern der Haupt- und Hafenstadt Ost-Makedoniens (56 000 Ew.) ist die auf einer Halbinsel gelegene, zum Teil noch ummauerte Altstadt. Westlich davon liegt das heutige Stadtzentrum mit der Platía Eleftherías als Zentrum.

BESICHTIGUNGEN

Altstadt
An ihrem höchsten Punkt steht eine 1425 von den Türken erbaute Burg. Auf dem Weg hinauf durch die Odos Polidou passiert man das Imaret mit seinen vielen Kuppeln, eine zuletzt als Armenhaus genutzte Koranschule. Besonders sehenswert ist auf halbem Weg das 1720 erbaute Geburtshaus von Mehmet Ali, dem Begründer der letzten ägyptischen Königsdynastie.

Villen
Bis zum Zweiten Weltkrieg war Kavála eines der bedeutenden Tabakverarbeitungs- und Handelszentren des Balkans. Vom Wohlstand seiner Kaufleute zeugen prächtige Villen aus dem 19. und frühen 20. Jh. Die meisten stehen an der *Odós Kýprou.* Ein restauriertes Tabaklagerhaus beherrscht die *Platía 28is Oktovríou.*

AUSKUNFT

Griechische Zentrale für Fremdenverkehr
Hier gibt es auch Stadtpläne und Theaterkarten für die Festspiele in Phílippi. *Mo–Fr 7–14.30 Uhr, Platía Eleftherías, Tel. 051/22 87 62, Fax 22 38 85*

METÉORA-KLÖSTER

(O) ★ Die 250 km von Thessaloníki entfernten Metéora-Felsen können der Höhepunkt einer Griechenlandreise sein. Eine weltweit einzigartige Landschaft verbindet sich hier mit mittelalterlichen Klöstern und einer eindrucksvollen Gebirgskulisse. Diese Klöster dürfen auch von Frauen betreten werden. Ruhe herrscht hier im Sommer freilich nicht mehr, mit Reisebuskolonnen muss gerechnet werden. Wer über Nacht bleiben möchte, sollte ein Quartier im schönen Dorf Kastráki der den Klöstern benachbarten Kleinstadt Kalambáka vorziehen.

BESICHTIGUNGEN

Kloster Ágios Stéfanos
Das von Nonnen bewohnte Kloster ist das einzige der sechs zu besichtigenden Klöster, das bequem ohne Treppensteigen zu erreichen ist. Die Klosterkirche aus dem 18. Jh. wird zurzeit im traditionellen Stil ausgemalt. *Di–So 9–13 und 15–17 Uhr*

Kloster Megálo Metéoro
Das älteste, rangmäßig höchste und größte Kloster wird von Mönchen bewohnt. Hier sieht man noch die Seilwinde, die früher die einzige Zugangsmöglichkeit bot. Auch historische Vorrats- und Wirtschaftsräume sind zu besichtigen. In der Klosterkirche sind viele Fresken aus dem 15. Jh. gut erhalten. *Mo–Mi 9–13 und 15–17 Uhr*

Kloster Roussánou
Das kleinste der Klöster, dessen Bauten überwiegend aus dem 16. Jh. stammen, erstreckt sich auf einem winzigen Felsplateau über drei Etagen. *Im Sommer tgl. 9 bis 18 Uhr, sonst Do–Di 9–13 und 15.30–17 Uhr*

Kloster Varlaám
Die Kirchen dieses Klosters sind mit sehr gut erhaltenen Fresken aus dem 16. Jh. ausgestattet. Im Klostermuseum sind Ikonen und illuminierte Handschriften zu sehen. *Sa–Do 9–13 und 15–17 Uhr*

HOTELS

Kastráki
Hotel in Kastráki, den Klöstern am nächsten gelegen, zwischen der Stadt Kalambáka und den Felsen, unmittelbar an der Hauptstraße. *27 Zi., Tel. 0432/ 263 36, Fax 263 35, Kategorie 2*

Ziogas
Privathotel mit herrlichem Klosterblick. *8 Zi., in Kastráki*

rechts der Hauptstraße zu den Klöstern, Tel. 0432/24037, Kategorie 3

AUSKUNFT

Touristenpolizei
Odós Rammídi 33, Kalambáka, Tel. 0432/22813

PHÍLIPPI (FILIPPOI)

(**U/F7**) Die Ausgrabungen von Phílippi liegen zu beiden Seiten einer viel befahrenen Straße am Rande eines breiten Tals zwischen zwei Höhenzügen. Hier gründete der Apostel Paulus die erste christliche Gemeinde auf europäischem Boden. Etwa 100 Jahre früher, 42 v. Chr., war die Ebene Schauplatz der Entscheidungsschlacht zwischen den Cäsarmördern Cassius und Brutus einerseits und andererseits Antonius und Octavian, dem späteren Kaiser Augustus.

BESICHTIGUNG

Ausgrabungen
Rechts der viel befahrenen Straße von Kavála nach Dráma liegt das antike Theater, in dem im Sommer gelegentlich noch antike Dramen aufgeführt werden. Außerdem sind hier die Umrisse zweier frühchristlicher Basiliken zu erkennen. Links der Straße ragen die Mauern der Direklar-Basilika noch in fast ursprünglicher Höhe auf. Zwischen dieser Basilika und der Straße erstreckt sich das weitläufige römische Forum, unmittelbar unterhalb der modernen Straße ist die Originalpflasterung der römischen Via Egnatia zu erkennen, die einst Konstantinopel mit der Adria verband. Auf der anderen Seite der Basilika erkennt man in einer Bodenvertiefung Latrinen. *Di bis So 8.30–15 Uhr*

HOTEL

Lydia
Modernes Hotel mit gutem Restaurant in ländlicher Umgebung. *40 Zi., 2 km von den Ausgrabungen entfernt an der Straße nach Dráma, Tel. 051/516203, Fax 516961, Kategorie 2*

THESSALONÍKI

☛ **Stadtplan in der hinteren Umschlagklappe**

(**109/D-E 3-4**) Die Hauptstadt Makedoniens, die mit ihren Vororten etwa eine Million Einwohner hat, ist schön. Ihr weitläufiges historisches Zentrum ist teilweise noch von meterhohen Stadtmauern aus byzantinischer Zeit umgeben, als Thessaloníki die bedeutendste Stadt Griechenlands war und eine der großen Städte des Osmanischen Reichs. Davon zeugen noch mehrere türkische Bäder, Moscheen und Basare. Bis Thessaloníki 1912 dem freien Griechenland zugehörig wurde, waren Griechen in seinen Mauern nur eine Minderheit. Die Mehrheit bildeten Juden und Türken sowie eine starke internationale Gemeinde. Die 60000 Juden Thessaloníkis wurden fast alle während der deutschen Besatzungszeit in Vernichtungslager deportiert.

1917 zerstörte ein Großbrand weite Teile der Unterstadt. Sie wurde in den folgenden zwei Jahrzehnten neu erbaut, ist von breiten Straßen und Plätzen und einer Vielzahl kleiner Alleen durchzogen. Daran schließt sich hangwärts die Altstadt mit ihren

verwinkelten Gassen an. Den obersten Teil des Berges bildet das noch immer vollständig von hohen Mauern umgebene Kástro mit der Zitadelle Eptapýrgio am höchsten Punkt. Im Kástro-Viertel fühlt man sich wie in einem Dorf.

Wer Thessaloníki auf eigene Faust mit dem Linienbus besucht, kommt am weit vom Zentrum entfernten Chalkidikí-Busbahnhof an. Von hier nimmt man sich am besten ein Taxi ins Zentrum, z.B. zur Platía Aristotélous, dem Prachtplatz der Stadt unmittelbar am Meeresufer. Ein etwa fünfstündiger Rundgang könnte vom Aristoteles-Platz zunächst durchs Marktviertel führen, dann hinauf zur Dimítrios-Kirche und wieder abwärts zum Römischen Forum. Weiter geht es zur Rotonda und zum Galerius-Bogen, dann eventuell ins Archäologische und Byzantinische Museum. Von dort sind es nur wenige Schritte zum Weißen Turm. Von ihm kehrt man in 10 Minuten am Meer entlang zum Aristoteles-Platz zurück oder unternimmt noch einen Schlenker zur Agía Sophía und zum Galerius-Palast. Um auch die Altstadt und das Kástro-Viertel zu erkunden, benötigt man auch den Abend oder einen zweiten Tag.

BESICHTIGUNGEN

Agía Sophía **(U/C 3)**
In der Kirche aus dem 8. Jh. sind einige meisterhafte Mosaiken aus dem 8. und 12. Jh. erhalten. *Tgl. 7.30–12 und 17–20.30 Uhr, Platía Agías Sofías*

Ágios Dimítrios **(U/D 2)**
Die dem Schutzheiligen der Stadt geweihte Basilika birgt in einem silbernen Sarkophag im linken Seitenschiff die Gebeine des hl. Demetrios. 303 starb er den Märtyrertod in den römischen Thermen, von denen in der Krypta der Kirche noch Reste erhalten sind. *Tagsüber ständig geöffnet, Odós Agíou Dimitríou*

Bunte Vielfalt finden Sie im Marktviertel von Thessaloníki

Galerius-Bogen **(U/D 3)**
Der nur teilweise erhaltene Triumphbogen wurde 297 zur Erinnerung an einen gewonnenen Feldzug des römischen Kaisers Galerius errichtet. Auf zahlreichen Reliefplatten sind Szenen aus jenen Kämpfen dargestellt. *Frei zugänglich, Vía Egnatía*

Galerius-Palast **(U/D 4)**
Vom gigantischen Palast, den Galerius sich in dem von ihm zur römischen Hauptstadt erhobenen Thessaloníki erbauen ließ, zeugen noch mächtige Mauern vor einer tristen Hochhauskulisse. *Frei einsehbar, Platía Navarínou*

Kástro-Viertel **(U/E-F 1)**
Das auch Akropolis genannte Viertel oberhalb der Altstadt bezaubert durch seinen dörflichen Charakter und urige Tavernen. Der Blick von hier oben reicht über die gesamte Stadt und bei klarer Sicht sogar übers Meer bis zum Olymp. Mit dem Linienbus 23 gelangt man von der Platía Eleftherías aus (300 m vom Aristoteles-Platz entfernt) schnell und preiswert hinauf.

Märkte **(U/C 2-3)**
Das ★ Marktviertel der Stadt liegt zwischen der Odós Tsimiskí und der Vía Egnatía, Odós El. Venizélou und Odós Agías Sofías. In der Markthalle zwischen Odós Ermoú und Odós Iraklíou werden vor allem Fleisch und Fisch verkauft. Lebensmittel aller Art bietet der nördlich daran anschließende Vláli-Markt. Besonders malerisch ist auch der Blumenmarkt im alten türkischen Bad Jiachoudi Hamam an der Ecke Odós Iraklíou/Odós Frángon. *Mo–Sa 6–14 Uhr*

Römisches Forum **(U/C 2)**
Bei den noch andauernden Ausgrabungen wurden bisher ein Odeon und eine einzigartige unterirdische Passage freigelegt, an der Lagerräume lagen. Das ganze Gelände wird seit 1997 für Ausstellungen und Konzerte genutzt. *Platía Dikastiríon*

Der Aristoteles-Platz ist Treffpunkt für Alt und Jung

Rotonda **(U/D 3)**
Nach ihrer 1996 abgeschlossenen Renovierung dient die Rotonda trotz heftigen Widerstandes der Kirche nicht mehr als Gotteshaus, sondern als Museum. Geschaffen wurde der Rundbau im 4. Jh. als Mausoleum für Kaiser Galerius. Kurz darauf wurde er durch Anfügung einer Apsis zur Kirche. Die Türken verwandelten die Kirche in eine Moschee und verpassten ihr ein Minarett. *Mo–Fr 7–14.30 Uhr, einige Schritte nördlich des Galerius-Bogens*

Weißer Turm (Levkós Pýrgos) **(U/D 5)**
★ Das Wahrzeichen Thessaloníkis wurde von den Türken im 16. Jh. zur Verstärkung der Seemauer erbaut. Heute ist in dem 35 m hohen Turm ein interessantes Museum untergebracht, das über die mittelalterliche Geschichte der Stadt aufklärt und zahlreiche Ikonen zeigt. Vom Dach des Turms aus überblickt man weite Teile der Stadt. *Di–So 8–14.30 Uhr, Leofóros Níkis (Uferstraße)*

MUSEEN

Archäologisches Museum **(U/D 5)**
Objekte aus der Steinzeit bis zur römischen Antike; viel Gold. *Mo 12.30–19, Di–Fr 8–19 (im Winter bis 17 Uhr), Sa und So 8.30–15 Uhr (im Sommer bis 19 Uhr), Eintritt 1500 Drs., Platía Chanth*

Museum der byzantinischen Kultur **(U/E 5)**
Eindrucksvolle Teilrekonstruktionen frühchristlicher Basiliken. *Mo 12–19, Di–So 8–19 (im Winter bis 17 Uhr), Eintritt 1500 Drs., Leofóros Stratoú 2 (neben dem Archäologischen Museum)*

RESTAURANTS

Besonders viele Restaurants gibt es im restaurierten Gewerbeviertel Ladadiká nahe dem Hafen. Auch im Marktviertel und in den Markthallen kann man mittags essen.

Aristotelous **(U/C 3)**
Ouzeri, in der man viele verschiedene Kleinigkeiten bestellt. Etwas versteckt in einem Hinterhof nahe dem Aristoteles-Platz gelegen. *So und vier Wochen im Hochsommer geschl., Odós Aristotélous 8, Kategorie 1*

Zythos **(U/B 3)**
Bistroartiges Restaurant im Szeneviertel Ladadiká, exzellente Küche, ausgefallene Spezialitäten, 41 verschiedene Biersorten. *Odós Katoúni, Kategorie 1*

EINKAUFEN

Haupteinkaufsstraßen sind die Odós Tsimiskí und Vía Egnatía.

Blow up **(U/C 3)**
CDs mit internationaler und griechischer Musik in großer Auswahl und mit guter, mehrsprachiger Beratung. *Odós Aristotélous 8*

Makis P. Sismandidis **(U/C 2)**
Kupfer- und Messingwaren aus eigener Werkstatt. *Odós Chalkéon 13*

HOTELS

Esperia **(U/C 2)**
Zentral und relativ ruhig gelegenes Hotel. *70 Zi., Odós Olýmpou 58, Tel. 031/26 93 31, Fax 26 94 57, Kategorie 1*

Orestias Kastoria **(U/D 2)**
Sehr einfaches, aber sauberes Hotel in zentraler Lage nahe der Kirche Ágios Dimitrios. *28 Zi., Odós Agnóstou Stratiótou 14/Ecke Odós Olýmpou, Tel. 031/27 65 17, Kategorie 2*

Park **(U/C 2)**
Modernes, relativ ruhig gelegenes Hotel. *56 Zi., Odós Iónos Dragoúmi 81, Tel. 031/52 41 21, Fax 52 41 93, Kategorie 1*

AM ABEND

Zentrum des Nachtlebens sind das Ladadiká-Viertel und das Kástro-Viertel.

AUSKUNFT

Griechische Zentrale für Fremdenverkehr
Platía Aristotélous 8, Tel. 031/27 18 88, Fax 26 55 04

VERGÍNA

(**O**) Das Dorf 65 km westlich von Thessaloníki ist für Griechenland seit den 90er-Jahren eine Art Nationalheiligtum. Hier wurde neben vier weiteren Grabmonumenten auch das Grab des ermordeten makedonischen Königs Philipp II. gefunden, des Vaters von Alexander dem Großen. Seine Asche lag in einem goldenen Kasten, der mit einem goldenen Stern verziert war. Der Stern ist heute das Symbol Makedoniens.

Das 1977/78 entdeckte, mit gut erhaltenen Wandmalereien ausgestattete Grab lag unter einem 13 m hohen, damals noch bewachsenen Erdhügel mit 110 m Durchmesser. Er wurde von den Archäologen vollständig abgetragen. Die Gräber wurden restauriert. Dann wurde darüber mit Unterstützung der EU eine moderne Betonkonstruktion in Form des früheren Grabhügels errichtet. Sie umhüllt auch ein futuristisch anmutendes Museum.

BESICHTIGUNG

Palast
Außerhalb des heutigen Dorfes kann man die Überreste eines etwa 9000 qm großen, um 310 v. Chr. erbauten Palastes besichtigen. Unmittelbar unterhalb davon sind die Konturen des erst 1981 entdeckten Theaters freigelegt, in dem Philipp II. 336 v. Chr. ermordet wurde. Links der Straße vom Dorf zum Palast ist außerdem ein teilweise rekonstruiertes makedonisches Grab aus der zweiten Hälfte des 3. Jhs. v. Chr. zu besichtigen. *Di–So 8–15 Uhr (im Sommer bis 19 Uhr)*

MUSEUM

Grabhügel
★ Effektvoll angestrahlt und durch Skizzen und Fotos erklärt werden die Gräber. Ebenso eindrucksvoll sind die zahlreichen besonders kostbaren Goldschätze aus dem Grab König Philipp II. und die goldene Kiste, die seine sterblichen Überreste barg. *Di–So 8–15 Uhr (im Sommer Mo 12–19, Di–So 8–19 Uhr)*

HOTEL

Vergína
Pension mit großen Zimmern und Sonnenterrasse. *12 Zi., im Dorf nahe der Hauptstraße, Tel. 0331/925 10, Kategorie 3*

Tagestouren, die beeindrucken

Die hier beschriebenen Routen sind in der Übersichtskarte im vorderen Umschlag und im Reiseatlas ab S. 108 grün markiert, der Stadtrundgang durch Thessaloníki im Stadtplan im hinteren Umschlag

① KASSÁNDRA-RUNDFAHRT

Wer auf der Kassándra Urlaub macht, kann kürzere Ausflüge zu den meisten Orten auf der Halbinsel bequem per Linienbus unternehmen. Diese Rundfahrt ist deshalb vor allem für Urlauber gedacht, die anderswo auf der Chalkidikí wohnen und sich ein Bild von der Kassándra machen wollen. Länge der Rundfahrt ab und bis Néa Potidéa: ca. 130 km, Dauer: ein Tag.

Wenn Sie den *Kanal von Potidéa* überquert haben, ist die Kassándra erreicht. Gleich hinter dem Kanal geht es an der Ampel links in den hübschen Ort *Néa Potidéa (S. 41ff.)*. Schön ist der Blick die Westküste der Kassándra entlang mit ihrer niedrigen rötlichen Steilküste. Die Hauptstraße führt durch sanft gewelltes Hügelland weiter nach *Néa Fokeá (S. 41ff.)*, wo ein Stopp am kleinen Hafen lohnt. Zu Fuß kommen Sie zum alten Wehrturm und zur Höhlenkirche. 5 km weiter sollten Sie die Hauptstraße erneut verlassen, um ins Dorf *Áfytos (S. 30ff.)* zu fahren, das von allen Küstenorten der Kassándra am meisten Flair besitzt. Im Nachbarort *Kallithéa (S. 30ff.)* ist hingegen nur die Fahrt hinunter zum *Tempel des Ammon Zeus* neben dem gleichnamigen Strandhotel interessant.

Verspüren Sie Lust auf ein erfrischendes Bad? Bei *Kryopigí (S. 34f.)* führt Sie ein kurzer Abstecher hinunter zum idyllischen Sandstrand *Pigadákia Beach.* Für eine Mittagspause eignet sich das alte *Pefkochóri (S. 36ff.)* mit seiner schönen Platía besonders gut. Ein landschaftliches Kleinod ist der 4 km südöstlich gelegene kleine Küstensee *Glarokavós (S. 37)*. Zu einem griechischen Mokka in einem urigen Kaffeehaus lädt das Binnendorf *Palioúri (S. 37)* ein.

In *Loutrá (S. 39f.)* ist dann die Westküste der Kassándra erreicht. Eine Besichtigung lohnt aber erst die Kapelle *Panagía Faneroméni (S. 38f.)* kurz vor *Néa Skióni.* Kunstfreunde unternehmen anschließend einen Abstecher zur Kapelle *Panagía (S. 38)* bei *Kalándra* mit ihren Fresken

aus dem 17. Jh. Landschaftlich besonders eindrucksvoll ist die Rückfahrt an die Ostküste über kleinere Nebenstraßen. So kommen Sie auch ins Binnendorf *Foúrka (S. 45)* mit seinen schönen Kirchen und in das kleine, noch recht ursprünglich gebliebene Dorf *Kassandrinó (S. 45)*. Mögen Sie hier in einer der guten Tavernen zu Abend essen? Aber vielleicht ziehen Sie ja eine der Fischtavernen direkt am Hafen von *Néa Fokeá* vor.

② SITHONÍA-RUNDFAHRT

Wer im Urlaub nur einen Tag lang einen Mietwagen nehmen möchte, sollte ihn auf jeden Fall für eine Sithonía-Rundfahrt nutzen. Landschaftlich bietet die Halbinsel besonders viel, und per Linienbus sind die meisten Ziele gar nicht oder nur schwer zu erreichen. Länge der Rundfahrt ab und bis Nikítas: ca. 140 km, Dauer: ein Tag.

Sie umrunden die Halbinsel entgegen dem Uhrzeigersinn. Schon 5 km hinter *Nikítas (S. 47ff.)* offenbart die felsige Küstenlandschaft ihren Reiz. Von Felsen eingerahmte Buchten liegen unterhalb der Straße. Ein Abstecher lohnt an den Küstenstrich von *Eliá (S. 49)* mit seinen niedrigen Steilufern und Pinienwäldchen.

Kurz vor *Néos Marmarás* zweigt an der Taverne Drossiá eine ausgeschilderte Asphaltstraße ab, hinauf nach *Parthenónas (S. 55f.)*, wo die alte Bausubstanz bisher kaum durch Neubauten zerstört worden ist. Der Blick hinunter auf die Küste ist grandios, und in einer schönen Taverne können Sie sich stärken. Néos Marmarás *(S. 51ff.)* selbst lohnt nur einen Kurzbesuch; das moderne Ferienzentrum *Pórto Carrás* können Sie getrost links liegen lassen. Aber es lohnt sich, beim *Weingut Domaine Carras (S. 55)*, direkt an der Hauptstraße in Richtung Toróni, zu halten.

Kurvenreich und hoch über der Küste geht's nach *Toróni (S. 56)* mit Überresten einer frühchristlichen Basilika und einer mittelalterlichen Burg am südlichen Ende der Bucht. In einer der Fischtavernen von *Pórto Koufós (S.56)* können Sie gut zu Mittag essen. Im weiteren Verlauf durchquert die Straße eine nahezu unbewohnte, wilde Gebirgslandschaft. Von der *Taverne Panórama* aus haben Sie erstmals einen grandiosen Blick auf die Ostküste der Sithonía und bei halbwegs klarer Sicht auch auf den Berg Áthos.

In *Kalamítsi (S. 58)* lockt der Strand an der schönen Bucht. Eine längere Pause können Sie jedoch auch in *Sárti (S. 56ff.)* einlegen. Hoch über der Küste geht es weiter; Stichstraßen führen an verschiedene Strände hinunter. Sie sollten der Versuchung jedoch widerstehen und lieber direkt die schönen Badebuchten von *Vourvouroú (S. 58ff.)* ansteuern, wo Sie den Tag stimmungsvoll ausklingen lassen können.

③ ENTDECKUNGSREISEN DURCHS HINTERLAND

Die Chalkidikí besteht nicht nur aus Badeorten. Auch ihre Bergdörfer und Gebirgslandschaften sind reizvoll. Viel traditionelle Architektur und dichte Wälder erwarten den Rundreisenden ebenso wie Einblicke ins

althergebrachte ländliche Leben. Länge der Rundfahrt ab und bis Gerakiní: ca. 130 km, Dauer: ein Tag.

Die gut ausgebaute Straße, die von *Gerakiní (S. 76ff.)* aus ins 1165 m hohe Cholomóndas-Gebirge führt, passiert zunächst ausgedehnte, weiße Magnesitgruben. In *Polýgyros (S. 78f.),* der Hauptstadt der Chalkidikí, lohnt eigentlich nur das Archäologische Museum einen kurzen Besuch, vor dem es auch gute Parkmöglichkeiten gibt. Dann geht es weiter bergan nach *Paleókastro* und von dort auf kurvenreicher Straße in Richtung Arnéa. Einen Abstecher wert ist das Bergdorf *Taxiárchis (S. 75),* aus dessen Forsten zu Weihnachten Tannen und Fichten geschlagen werden.

An der Hauptstraße folgt kurz hinter der Abzweigung nach Taxiárchis der Weiler *Cholomón,* der nur aus zwei Tavernen und einer Kapelle besteht. Am Wirt der *Taverne Sogámbros* kommt niemand vorbei: Hört er ein Auto, springt er auf die Straße und lädt seine Gäste am liebsten auf Deutsch zu sich ein. Probieren Sie den Tannenhonig und den selbst gebrannten Tresterschnaps, den er zum Verkauf anbietet!

Nach kurvenreicher Fahrt durch den Wald kommen Sie in das schöne Städtchen *Arnéa (S. 71ff.).* Zwei Stunden sollten Sie dafür schon einplanen. Hier können Sie auch gut zu Mittag essen oder für ein Picknick im nahen *Wäldchen Agía Paraskeví* einkaufen. Weiter geht es durch ein Hochtal in Richtung *Paleochóri.* Am Ortsanfang zweigt eine Straße nach *Megáli Panagía (S. 74)* mit seiner sehenswerten Wallfahrtskirche ab. Über *Planá* und durch einsames Hügelland fahren Sie nach *Vrástama (S. 79).* Sein Dorfplatz gehört zu den urigsten der Region. Nächstes Ziel ist das in der Ebene gelegene *Ormýlia (S. 78)* mit seinen gut erhaltenen alten Herrenhäusern. Für die Rückfahrt an die Küste sollten Sie nicht die Hauptstraße, sondern die unbefestigte Straße über das große *Kloster Evangelismós (S. 51)* nach *Vatopédi* nehmen. Von dort aus geht's dann entweder nach Gerakiní zurück oder in Ihr Hotel auf der Sithonía- oder Áthos-Halbinsel.

④ THESSALONÍKI OHNE KUNST UND KIRCHEN

Wer die Kirchen und Museen der Stadt besichtigen will, stellt sich am besten sein eigenes Besichtigungsprogramm zusammen. Dieser Rundgang zeigt hingegen das heutige Thessaloníki in seiner Vielfalt, führt über Märkte und eröffnet schöne Blicke über die Stadt. Dauer: mindestens fünf Stunden.

Wenn Sie mit dem Linienbus von der Chalkidikí nach Thessaloníki *(S. 84ff.)* gekommen sind, nehmen Sie am Busbahnhof am besten ein Taxi und lassen sich zum *Lévkos Pýrgos,* dem *Weißen Turm,* bringen. Von seinem Dach aus genießen Sie einen ersten schönen Rundblick über die Stadt. Danach können Sie auf der Uferstraße *Leofóros Níkis* direkt am Wasser entlang in Richtung Westen gehen bis zur *Platía Aristotélous,* dem Hauptplatz der Stadt. Kurz bevor Sie ihn erreichen, liegt rechter Hand das Goethe-Institut mit öffentlicher Cafeteria. Vielleicht interessiert

es Sie, einmal zu sehen, wo unsere Steuergelder bleiben?

Das obere Ende des Prachtplatzes bilden zwei zusammen halbrunde Gebäude, von denen eins das Hotel Electra Palace ist. Zwischen beiden Häusern hindurch führt die breite Straße *Leofóros Aristotélous* stadteinwärts. Auf ihr überqueren sie die *Tsimiskí-Straße*, eine der beiden Haupteinkaufsstraßen der Stadt. Gleich an der nächsten Ecke biegen Sie links in die Straße *Vas. Iraklíou* ein und stehen mitten im Markttreiben von Thessaloníki. Rechter Hand liegt die schon Anfang des 20. Jhs. erbaute *Modiano-Markthalle* mit urigen Kneipen und Marktständen, an denen vor allem Fleisch und Fisch verkauft werden. Durchquert man sie, kommt man auf der anderen Seite der *Ermoú-Straße* auf den *Vláli-Markt*, auf dem es besonders lebhaft zugeht. Sollte sich ihr Urlaub schon dem Ende zuneigen, können Sie hier besonders gut ein paar Souvenirs einkaufen: Ouzo und Wein, Kräuter und Oliven, Käse, griechischen Mokka oder auch Mokkatassen.

Nördlich der breiten *Vía Egnatía* erstreckt sich der weitläufige, leicht ansteigende und begrünte *Dikastiríon-Platz.* In seiner rechten unteren Ecke fällt das *Hamam Bey* aus dem frühen 16. Jh. auf, das größte türkische Bad in Griechenland. Seit 1999 kann es wieder besichtigt werden *(Di–So 8–14.30 Uhr).* Die Kirche *Panagía Chalkéon* aus dem 11. Jh. auf der anderen Seite des Platzes wird hingegen eifrig von Gläubigen besucht. Im Mittelalter war sie die Kirche der Kupferschmiede. Kupfer- und Messinggeschäfte finden Sie in großer Zahl in der angrenzenden *Odós Chalkéon* und ihren Nebenstraßen. An den oberen Rand des Dikastiríon-Platzes schließt sich das Ausgrabungsgelände des Römischen Forums mit einer unterirdischen Markthalle und einem kleinen Amphitheater an. Nach einem kurzen Bummel über diesen antiken Marktplatz sollten Sie dann am Forumsgelände entlang zur *Odós Olýmbou* weitergehen, sich auf ihr nach links wenden und dann gleich wieder links abwärts gehen durch die *Odós Tosítsa.* Hier findet täglich ein *Trödel- und Antiquitätenmarkt* statt.

Die *Tosítsa-Straße* führt auf die *Odós Venizélou,* der Sie nun abwärts folgen. An der Kreuzung mit der Egnatía-Straße steht links die recht baufällige *Hamza-Bey-Moschee* aus dem frühen 17. Jh., in deren Außenmauern es mehrere kleine Uhrmacher- und Schuhgeschäfte gibt. Sie überqueren die Egnatía-Straße. Linker Hand liegt der von sechs Kuppeln überdeckte *Bezesténi* aus dem 15. Jh., in dem heute wie damals überwiegend mit Textilien gehandelt wird. An der übernächsten Kreuzung führt ein kurzer Abstecher zum *Yachoudi Hamam,* einem türkischen Bad aus dem 16. Jh., an dem sich heute die Blumenhändler der Stadt niederlassen.

Die Odós Venizélou endet dann am Freiheitsplatz *Platía Eleftherías* direkt am Meer. Wenn Sie jetzt noch Zeit haben, können Sie entweder durchs restaurierte Hafenviertel *Ladadiká* mit seinen vielen Cafés und Tavernen bummeln – oder mit dem Linienbus quer durch die Altstadt bis zur *Akropolis* hinauffahren, um dann mit dem Taxi zum *Chalkidikí-Busbahnhof* zurückzukehren.

Von Auskunft bis Zoll

Hier finden Sie kurz gefasst die wichtigsten Adressen und Informationen für Ihre Griechenland-Reise

AUSKUNFT VOR DER REISE

Griechische Zentrale für Fremdenverkehr

– *Neue Mainzer Str. 22, 60311 Frankfurt/Main, Tel. 069/23 65 61-63, Fax 23 65 76*
– *Wittenbergplatz 3A, 10789 Berlin, Tel. 030/217 62 62, Fax 217 79 65*
– *Abteistr. 33, 20149 Hamburg, Tel. 040/45 44 98, Fax 44 96 48*
– *Pacellistr. 2, 80333 München, Tel. 089/22 20 35-36, Fax 29 70 58*
– *Opernring 8, 1015 Wien, Tel. 01/512 53 17, Fax 513 91 89*
– *Löwenstr. 25, 8001 Zürich, Tel. 01/221 01 05, Fax 212 05 16*

Internet: Die Homepage der Hoteliersvereinigung der Chalkidikí erreichen Sie unter *www.helios.gr*

AUTO

Zur Einreise genügen der nationale Führer- und Kraftfahrzeugschein. Die Mitnahme einer internationalen grünen Versicherungskarte ist jedoch empfehlenswert. Das Tankstellennetz ist dicht, bleifreies Benzin und Diesel sind überall erhältlich. Zulässige Höchstgeschwindigkeit in Städten 50 km/h, auf Landstraßen 90 km/h, auf Schnellstraßen 110 km/h, auf Autobahnen 120 km/h. Promillegrenze 0,5. Anschnallpflicht auf den Vordersitzen. ADAC-Notruf ganzjährig in Athen *01/960 12 66* und *01/960 12 67*. Die Pannenhilfe des griechischen Automobilclubs ELPA ist landesweit unter der Rufnummer *104* erreichbar.

BANKEN UND GELDWECHSEL

Alle Banken wechseln Geld und lösen Reise- und Eurocheques ein. Auch die meisten Postämter wechseln Bargeld und lösen Reise-, aber keine Eurocheques ein. Private Wechselstuben und Reisebüros bieten den Originalkurs, erheben jedoch unterschiedlich hohe Wechselgebühren. Öffnungszeiten Banken *Mo–Do 8–14 Uhr, Fr 8–13.30 Uhr.* Postämter *Mo–Fr 7.30–15 Uhr.* Abhebungen vom Postsparbuch sind nicht möglich. Bei den Vertragsbanken der Kreditkartenunternehmen kann überall Bargeld gegen Vorlage der Kreditkarte abgehoben werden. Fast alle Geldautomaten akzeptieren Vi-

sacard und Eurocard. Mit der Eurochequekarte plus Geheimzahl können Sie an Bankautomaten bis zu 100 000 Drs. abheben.

BUSSE

Linienbusse sind das wichtigste öffentliche Verkehrsmittel in Griechenland. Sie verbinden fast alle Orte der Chalkidikí mehrmals täglich mit Thessaloníki, wo Anschluss zu allen Städten Nord- und Mittelgriechenlands, vielen Städten auf dem Peloponnes sowie nach Athen besteht. Das wichtigste regionale Drehkreuz für die Halbinseln Kassándra und Sithonía ist Néa Moudianá. Man informiert sich durch die Fahrplantafeln in den Busbahnhöfen oder fragt im Hotel.

CAMPING

Wildes Zelten ist verboten. An den Stränden der Chalkidikí gibt es jedoch zahlreiche Campingplätze, die auch Wohnwagen und Campmobile aufnehmen.

EINREISE

Zur Einreise genügt ein gültiger Personalausweis. Kinder unter 16 Jahren müssen im Pass eines mitreisenden Elternteils eingetragen sein oder benötigen einen Kinderausweis.

EINTRITTSPREISE

Die Eintrittspreise zu den Museen und archäologischen Stätten sind sehr unterschiedlich. Sie betragen im Durchschnitt 500 Drs. Ermäßigungen erhalten Senioren über 65 Jahre aus EU-Ländern. Ständig freien Eintritt haben Kinder und Jugendliche sowie Studenten aus EU-Ländern (Internationaler Studentenausweis).

FKK

FKK ist in Griechenland offiziell verboten, wird jedoch an einsamen Stränden vielfach praktiziert. An baren Busen stört sich am Strand niemand.

FOTOGRAFIEREN UND FILMEN

Filmvorräte und vor allem auch Ersatzbatterien sollten mitgebracht werden, da sie in Griechenland teuer sind und die Auswahl gering ist.

GESUNDHEIT

Die ärztliche Versorgung ist auf der Chalkidikí dank privater Initiative besser als in anderen Teilen Griechenlands. Eine Reihe von Ärzten hat sich hier zur Halkidiki Health Service Ltd. zusammengeschlossen. Sie unterhält einen 24-Stunden-Notrufdienst, nennt angeschlossene Ärzte in den einzelnen Urlaubsorten, organisiert den Krankentransport, beschafft Rollstühle und Krücken und hilft bei Reparaturen von Brillen, Hörgeräten und Zahnersatz. Alle Leistungen müssen bar bezahlt werden. Zentrale: *Halkidiki Health Service Ltd., Kallithéa/Kassándra, An der Hauptstraße, Tel. 0374/251 66, Fax 0374/250 55.*

Darüber hinaus gibt es in Ágios Nikólaos, Kassandría, Néa Moudianá und Paleochóri staatliche Gesundheitszentren (Health Service ESY), in denen die Erstbehandlung kostenlos erfolgt. Für die Weiterbehandlung auf

Krankenschein können Vertragsärzte der griechischen Krankenkasse IKA in Anspruch genommen werden. Der deutsche Auslandskrankenschein muss dafür jedoch bei einem IKA-Büro gegen einen griechischen Krankenschein umgetauscht werden. Da die Prozedur umständlich ist und die Ärzte meist nur unwillig auf Krankenschein behandeln, ist der Abschluss einer privaten Auslandskrankenversicherung dringend anzuraten.

HAUSTIERE

Für Hunde wird ein amtstierärztliches Gesundheitszeugnis (nicht älter als 14 Tage) und eine Tollwut-Impfbescheinigung (nicht älter als zwölf Monate) verlangt.

KLIMA UND REISEZEIT

Die Chalkidikí ist ein reines Sommerreiseziel. Die meisten Hotels und Campingplätze sowie viele Restaurants und Geschäfte sind nur von Mai bis Oktober geöffnet. Die Wassertemperaturen liegen nur zwischen Juni und Oktober über 20 Grad, die Tageshöchsttemperaturen klettern meist nur zwischen Juni und August über 30 Grad. Auf einen Regenschauer sollten Sie auch im Hochsommer vorbereitet sein. Landschaftlich ist die Chalkidikí im April und Mai am schönsten, wenn viele Wildblumen blühen.

KONSULATE

Deutsches Generalkonsulat
Odós Karólou Diehl 4a, Thessaloníki, Tel. 031/23 63 15, Fax 24 03 93

Österreichisches Honorarkonsulat
Odós Egnatía 81, Thessaloníki, Tel. und Fax 031/23 65 00

Schweizer Honorarkonsulat
Leofóros Níkis 55, Thessaloníki, Tel. 031/23 44 42, Fax 28 22 15

MIETFAHRZEUGE

PKW und Zweiräder können in den meisten Urlaubsorten gemietet werden, Autos auch am Flughafen von Thessaloníki. Der Fahrer eines Autos muss mindestens seit einem Jahr im Besitz des Führerscheins und mindestens 23 Jahre alt sein (bei Zahlung mit Kreditkarte 21 Jahre).

POST

Postämter gibt es in allen Städten und größeren Dörfern. Sie sind meist *Mo–Fr von 7.30 bis 15 Uhr* geöffnet.

Das griechische Alphabet mit Umschrift

Α	α	a	Η	η	i	Ν	ν	n	Τ	τ	t
Β	β	v, w	Θ	ϑ	th	Ξ	ξ	ks, x	Υ	υ	i, y
Γ	γ	g, i	Ι	ι	i, j	Ο	ο	o	Φ	φ	f
Δ	δ	d	Κ	κ	k	Π	π	p	Χ	χ	ch
Ε	ε	e	Λ	λ	l	Ρ	ρ	r	Ψ	ψ	ps
Ζ	ζ	s, z	Μ	μ	m	Σ	σ, ς	s, ss	Ω	ῶ	o

SPRACHE

Die Griechen sind stolz auf ihre eigene Schrift, die von keinem anderen Volk der Erde geschrieben wird. Für Aufschriften und Ortsschilder wird häufig zusätzlich unsere lateinische Schrift verwendet. Trotzdem ist es hilfreich, die griechischen Buchstaben zu kennen. Die richtige Betonung ist für das Verstandenwerden sehr wichtig. Betont wird immer der Vokal, der den Akzent trägt. Schwierigkeiten macht die Transkription griechischer in lateinische Buchstaben. Die im Kartenteil dieses Führers verwendete Umschrift entspricht einer offiziellen UN-Vereinbarung, wird in Griechenland selbst jedoch fast nie benutzt. Der Textteil orientiert sich an der richtigen Aussprache und den vor Ort üblichen Schreibweisen, die jedoch uneinheitlich sein können. So ist es durchaus möglich, dass ein und derselbe Ortsname auf Straßenschildern im Ort selbst und in seiner Umgebung in drei oder vier unterschiedlichen Versionen auftaucht. Da ist dann ein wenig Pfadfindergeist gefragt.

STROM

220 Volt Wechselstrom wie bei uns. Unsere Stecker passen meist.

TAXI

Taxis sind überall reichlich vorhanden und relativ preiswert. In den Städten fahren sie mit Taxameter. In den *agoraion* genannten Taxis in den Dörfern liegen Tariftabellen aus. Geringe Zuschläge, die das Taxameter nicht anzeigt, dürfen für Fahrten von Flughäfen und Häfen, für Gepäckstücke über 10 kg sowie für Fahrten in der Oster- und Weihnachtszeit erhoben werden. Zwischen 0 und 6 Uhr verdoppelt sich der Fahrpreis. Für Tagesausflüge mit dem Taxi kann der Preis frei ausgehandelt werden.

TELEFON

Die Telefongesellschaft OTE unterhält in allen Städten Büros, von denen aus man telefonieren kann. Kartentelefone sind weit verbreitet. Telefonkarten für 100 Einheiten (1700 Drs.) und 500 Einheiten (7000 Drs.) sind in den OTE-Büros und an vielen Kiosken erhältlich.

Telefonate aus Hotels und Reisebüros sind teuer. Mobiltelefone werden in Griechenland viel genutzt, die Flächendeckung ist gut. Vorwahlen: *Griechenland 0030, Deutschland 0049, Österreich 0043, Schweiz 0041;* anschließend Vorwahl der gewünschten Stadt ohne die Null.

TRINKGELD

Handhabung wie bei uns, mindestens aber 100 Drs.

WANDERUNGEN

In den meisten Mitgliedhotels der Chalkidikí Hotel Association kann eine Broschüre mit deutschsprachigen Wandervorschlägen gekauft werden. Alle darin beschriebenen Routen sind vor Ort gut ausgeschildert.

ZEIT

In Griechenland ist es ganzjährig eine Stunde später als bei uns.

ZEITUNGEN

Ausländische Zeitungen und Illustrierte sind in Städten und Urlaubsorten meist mit einem Tag Verspätung erhältlich. Im Lande selbst erscheinen die englischsprachige Tageszeitung *Athens News* und die deutschsprachige Wochenzeitung *Athener Zeitung.*

ZIMMERVERMITTLUNG

Wer ohne Hotelreservierung anreist, dann aber doch zumindest für die erste Nacht eine Zimmerreservierung wünscht, kann sich in der Ankunftshalle des Flughafens von Thessaloníki an den Auskunftsschalter der *Chalkidikí Hotel Association* wenden *(Tel. 0399/228 28, Fax 0399/226 50).*

ZOLL

Waren zum persönlichen Gebrauch können von EU-Bürgern zollfrei ein- und ausgeführt werden. Für Schweizer gelten weiterhin Obergrenzen: 200 Zigaretten, 1 l Spirituosen und 2 l Wein.

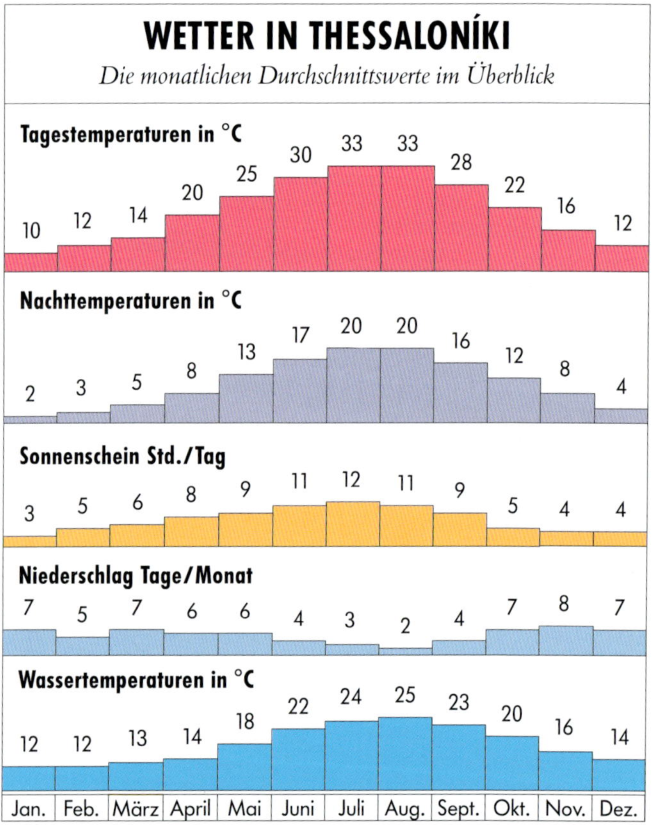

Bloß nicht!

Ausgesprochene Touristenfallen gibt es in Griechenland nicht. Aber ein paar Dinge sollten Sie doch beachten

Altes einfach mitnehmen
Antiquitäten, alte Webarbeiten und Stickereien sowie alte Ikonen dürfen nur mit besonderer Genehmigung ausgeführt werden. Wer von antiken Stätten Tonscherben mitnimmt, macht sich strafbar.

Drauflos fotografieren
Die meisten Griechen lassen sich gern fotografieren. Fotografen, die sich wie Jäger aufführen, mögen sie aber nicht. Bevor man den Auslöser drückt, sollte man höflicherweise mit einem Lächeln das Einverständnis des Motivs einholen.

Brandgefahr unterschätzen
Die Waldbrandgefahr auf der Chalkidikí ist groß. Raucher und Camper werden um besondere Vorsicht gebeten.

Vorschnell urteilen
Nicht immer ist der Urlauber, der sich übervorteilt fühlt, im Recht. Es gibt eine Reihe griechischer Eigenarten, die man kennen muss. Busfahrpreise z.B. können durchaus höher sein, als auf der Fahrkarte angegeben: Die Busgesellschaften sind sparsam und brauchen erst die alten Tickets auf. Um kleine Wechselbeträge kümmert man sich in Griechenland nicht. Wenn der Kassierer im Supermarkt 500 Drachmen verlangt, obwohl die Kasse nur 498 Drs. anzeigt, wird die Aufrundung von jedem Griechen akzeptiert.

Unpassend gekleidet sein
Am Strand und in den Badeorten sind Griechen nackter Haut gegenüber tolerant. In Kirchen und Klöstern aber sind immer noch bedeckte Schultern und Knie erwünscht. In Dörfern wird man von den Einheimischen eher respektiert, wenn man nicht in Badekleidung durch die Gassen geht.

Unbedarft Telefonieren
Griechen ruft man nie zwischen 14 und 18 Uhr an! Bevor man von Reisebüros und Hotels aus Ferngespräche führt, sollte man sich nach dem Preis erkundigen. Mehr als 45 Prozent Aufschlag sind unzulässig.

Vom Fischpreis überrascht sein
Frischer Fisch ist auch auf der Chalkidikí ausgesprochen teuer. Meist ist auf der Speisekarte der Kilopreis angegeben. Beim Auswiegen sollten Sie auf jeden Fall dabei sein, sich das Gewicht notieren lassen und den Preis überschlagen, damit es hinterher nicht zu bösen Überraschungen oder dem Gefühl kommt, übervorteilt worden zu sein.

Sprechen und Verstehen ganz einfach

Zur Erleichterung der Aussprache sind alle griechischen Wörter mit einer einfachen Aussprache (in der mittleren Spalte) versehen. Folgende Zeichen sind Sonderzeichen:

'	die nachfolgende Silbe wird betont
∂	wie englisches »th« in »the«, mit der Zungenspitze hinter den Zähnen
θ	wie englisches »th« in »think«, mit der Zungenspitze zwischen den Zähnen

AUF EINEN BLICK

Ja.	nä.	Ναι.
Nein.	'ochi.	'Οχι.
Vielleicht.	'issos.	'Ισως.
Bitte.	paraka 'lo.	Παρακαλώ.
Danke.	äfchari'sto.	Ευχαριστώ.
Entschuldigung!	si'gnomi!	Συγνώμη!
Wie bitte?	o'ristä?	Ορίστε;
Ich verstehe Sie nicht.	∂ä sass katala'wäno.	Δε σας καταλαβαίνω.
Bitte, wiederholen Sie es.	na to ksana'pite, paraka'lo.	Νά το ξαναπείτε, παρακαλώ.
Ich spreche nur wenig …	mi'lo 'mono liga …	Μιλώ μόνο λίγα …
Können Sie mir bitte helfen?	bo'ritä na mä woi'θisätä paraka'lo?	Μπορείτε να με βοηθήσετε, παρακαλώ;
Ich möchte …	'θälo …	θέλω …
Das gefällt mir nicht.	af'to ∂än mu a'rässi.	Αυτό δεν μου αρέσει.
Haben Sie …?	'ächätä …	'Εχετε …;
Wie viel kostet es?	'posso ko'stisi?	Πόσο κοστίζει;
Wie viel Uhr ist es?	ti 'ora 'inä?	Τι ώρα είναι;
Heute	'simära	Σήμερα
Morgen	'awrio	Αύριο

KENNENLERNEN

Guten Morgen!	kali'mära!	Καλημέρα!
Guten Tag!	kali'mära!/'chärätä!	Καλημέρα/Χαίρετε!
Guten Abend!	kali'spära!	Καλησπέρα!
Hallo! Grüß dich!	'jassu!	Γειά σου!
Wie geht es Ihnen/dir?	'poss 'istä?/'issä?	Πώς είστε;/είσαι
Danke.	äfchari'sto.	Ευχαριστώ.
Und Ihnen/dir?	äs'sis/äs'si?	Εσείς/εσύ;
Auf Wiedersehen!	a'dio!	Αντίο!
Tschüss!	'jassu!	Γειά σου!

Auskunft

links/rechts	aristä'ra/ðäks'ja	Αριστερά/Δεξιά
geradeaus	ef'θia	Ευθεία
nah/weit	ko'nda/makri'a	Κοντά/Μακριά
Wie weit ist es zum/zur …?	'posso makri'a 'inä ja …?	Πόσο μακριά είναι για …;
Ich möchte … mieten.	'θälo na ni'kjasso …	Θέλω να νοικιάσω …
… ein Auto	'äna afto 'kinito	ένα αυτοκίνητο
… ein Fahrrad	'äna po'ðilato	ένα ποδήλατο
… ein Boot	'mia 'warka	μια βάρκα
Bitte, wo ist …?	paraka'lo, 'pu 'inä …?	Παρακαλώ, πού είναι …;

Panne

Ich habe eine Panne.	'äpaθa zim'ja.	'Επαθα ζημειά
Würden Sie mir bitte einen Abschleppwagen schicken?	θa bo'russatä na mu 'stilätä 'äna 'ochima ri'mulkissis?	Θα μπορούσατε να μου στείλετε ένα όχημα ρυμούλκησης;
Wo ist hier in der Nähe eine Werkstatt?	'pu i'parchi ä'ðo kon'da 'äna sinär'jio?	Πού υπάρχει εδώ κοντά ένα συνεργείο;

Tankstelle

Wo ist bitte die nächste Tankstelle?	'pu 'inä, sass paraka'lo, to e'pomäno wensi'naðiko?	Πού είναι, σας παρακαλώ, το επόμενο βενζινάδικο;
Ich möchte … Liter …	'θälo … 'litra …	Θέλω … λίτρα …
… Normalbenzin.	ap'li wän'sini.	… απλή βενζίνη.
… Super./Diesel.	'supär./'disäl.	… Σούπερ./Ντήζελ.
… Bleifrei/Verbleit.	a'moliwði/mä'moliwðo.	… αμόλυβδη/με μόλυβδο.
… mit … Oktan.	mä … o'ktanja.	με … οκτάνια.
Voll tanken, bitte.	jä'mistä, paraka'lo.	Γεμίστε, παρακαλώ.
Prüfen Sie bitte den Ölstand.	äksä'tastä, paraka'lo ti 'staθmi tu lað'ju.	Εξετάστε, παρακαλώ τη στάθμη του λαδιού.

Unfall

Hilfe!	wo'iθja!	Βοήθεια!
Achtung!/Vorsicht!	prosso'chi!	προσοχή!
Rufen Sie bitte schnell …	ka'lästä, paraka'lo, 'grigora …	Καλέστε, παρακαλώ, γρήγορα …
… einen Krankenwagen.	'äna asθäno'foro.	… ένα ασθενοφόρο.
… die Polizei.	tin astino'mia.	… την αστυνομία.
… die Feuerwehr.	tim piroswästi'ki ipirä'sia.	… την πυροσβεστική υπηρεσία.
Geben Sie mir bitte Ihren Namen und Ihre Anschrift.	'pästä mu paraka'lo to 'onoma kä ti ðiäfθin'si sass.	Πέστε μου παρακαλώ το όνομα και τη διευθυνσή σας.

ESSEN/UNTERHALTUNG

Wo gibt es hier …	pu i'parchi ä'∂o	Πού υπάρχει εδώ …
… ein gutes Restaurant?	'äna ka'lo ästia'torio?	… ένα καλό εστιατόριο;
Gibt es hier eine gemütliche Taverne?	i'parchi ä'∂o ta'wärna mä 'anäti at'mosfära?	Υπάρχει εδώ ταβέρνα με ανετη ατμόσφαιρα;
Reservieren Sie uns bitte für heute Abend einen Tisch für 4 Personen.	kra'tistä mas paraka'lo ja 'simera to'wra∂i 'äna tra'päsi ja 'tässära 'atoma.	Κρατήστε μας παρακαλώ για σήμερα το βράδυ ένα τραπέζι για 4 άτομα.
Bezahlen, bitte.	paraka'lo, na pli'rosso.	Παρακαλώ, να πληρώσω.
Das Essen war ausgezeichnet.	to faji'to 'itan äksäräti'ko.	Το φαγητό ήταν εξαιρετικό.
Messer	ma'chäri	Μαχαίρι
Gabel	pi'runi	Πηρούνι
Löffel	ku'tali	Κουτάλι
Teelöffel	kuta'lakki	Κουταλάκι

EINKAUFEN

Wo finde ich …?	pu θa wro …?	Πού θα βρω …;
Apotheke	to farma'kio	το φαρμακείο
Bäckerei	to artopo'lio	το αρτοπωλείο
Fotoartikel	ta fotografi'ka 'i∂i	τα φωτογραφικά είδη
Kaufhaus	to polika'tastima	το πολυκατάστημα
Lebensmittelgeschäft	to ka'tastima tro'fimon	το κατάστημα τροφίμων
Markt	i ajo'ra	η αγορά

ÜBERNACHTUNG

Können Sie mir bitte … empfehlen?	bo'ritä paraka'lo na mu si'stissätä	Μπορείτε παρακαλώ να μου συστήσετε …
… ein Hotel	'äna ksäno∂o'chio?	… ένα ξενοδοχείο;
… eine Pension	'mia pan'sjon?	… μια πανσιόν;
Ich habe bei Ihnen ein Zimmer reserviert.	'ä∂o sä sas 'äklissa 'äna ∂o'matjo.	Εδώ σε σας έκλεισα ένα δωμάτιο.
Haben Sie noch Zimmer frei?	'ächätä a'kommi ∂o'matja ä'läfθära?	Έχετε ακόμη δωμάτια ελεύθερα;
… für eine Nacht	ja mja 'nichta	… για μια νύχτα
… für zwei Tage	ja '∂io 'märäs	… για δυο μέρες
… für eine Woche	ja mja w∂o'ma∂a	… για μια βδομάδα
Was kostet das Zimmer mit …	'posso ko'stisi to ∂o'matjo mä	Πόσο κοστίζει το δωμάτιο με …
… Frühstück?	proi'no?	… πρωινό;
… Halbpension?	'mäna 'jäwma?	… μ'ένα γεύμα;

Arzt

Können Sie mir einen guten Arzt empfehlen?	bo'ritä na mu siss'tissätä 'änan ka'lo ja'tro?	Μπορείτε να μου συστήσετε έναν καλό γιατρό;
Ich habe hier Schmerzen.	ä'ðo 'ächo 'ponnus.	Εδώ έχω πόνους.

Bank

Wo ist hier bitte …	'pu 'inä ä'ðo paraka'lo …	Πού είναι εδώ παρακαλώ …
… eine Bank?	mja 'trapäsa?	… μια τράπεζα;
… eine Wechselstube?	äna gra'fio sina'lagmatos?	… ενα γραφείο συναλλάγματος;
Ich möchte … DM (Schilling, Schweizer Franken) in Drachmen wechseln.	'θälo na a'lakso … järmani'ka 'marka (sä'linia, älwäti'ka 'franga) sä ðrach'mäs.	Θέλω να αλλάξω … γερμανικά μάρκα (σελίνια, ελβετικά φράγκα) σε δραχμές.

Post

Was kostet …	'posso ko'stisi …	Πόσο κοστίζει …
… ein Brief …	'äna 'gramma	… ένα γράμμα
… eine Postkarte …	mja 'karta	… μια κάρτα …
… nach Deutschland Österreich/Schweiz?	ja ti järma'nia Afs'tria/Elwe'tia?	… για τη Γερμανία; Αυστρία/Ελβετία

Zahlen

0	mi'ðän	μηδέν	20	'ikossi	είκοσι
1	'äna	ένα	21	'ikossi 'äna	είκοσι ένα
2	'ðio	δύο	22	'ikossi'ðio	είκοσι δύο
3	'tria	τρία	30	tri'anda	τριάντα
4	'tässära	τέσσερα	40	sa'randa	σαράντα
5	'pändä	πέντε	50	pä'ninda	πενήντα
6	'äksi	έξι	60	ä'ksinda	εξήντα
7	ä'fta	εφτά	70	äwðo'minda	εβδομήντα
8	o'chto	οχτώ	80	og'ðonda	ογδόντα
9	ä'näa	εννέα	90	änä'ninda	ενενήντα
10	'ðäka	δέκα	100	äka'to	εκατό
11	'ändäka	έντεκα	200	ðia'kosja	διακόσια
12	'ðoðäka	δώδεκα	1000	'chilia	χίλια
13	ðäka'tria	δεκατρία	2000	'ðio chi'ljaðäs	δύο χιλιάδες
14	ðäka'tässära	δεκατέσσερα	10000	'ðäka chi'ljaðäs	δέκα χιλιάδες
15	ðäka'pändä	δεκαπέντε			
16	ðäka'äksi	δεκαέξι	1/2	to 'äna 'ðäftäro	(το) ένα δεύτερο
17	ðäkaä'fta	δεκαεφτά			
18	ðäkao'chto	δεκαοχτώ	1/4	to 'äna 'tätarto	(το) ένα τέταρτο
19	ðäkaä'näa	δεκαεννέα			

Κατάλογος φαγητών
Speisekarte

Πρωϊνό — FRÜHSTÜCK

Καφέ σκέτο	ka'fä 'skäto	ungesüßter Kaffee
Καφέ με γάλα	ka'fä mä 'jala	Kaffee mit Milch
Τσάι με λεμόνι	'tsai mä lä'moni	Tee mit Zitrone
Τσάι από βότανα	'tsai a'po 'wotana	Kräutertee
Σοκολάτα	soko'lata	Schokolade
Χυμό φρούτου	chi'mo 'frutu	Fruchtsaft
Αυγό μελάτο	aw'jo mä'lato	weiches Ei
Ομελέτα	omä'lätta	Omelette
Αυγά μάτια	aw'ja 'matja	Spiegeleier
Αυγά με μπέηκον	aw'ja mä 'bäikon	Eier mit Speck
Ψωμί/ψωμάκι/τοστ	pso'mi/pso'maki/'tost	Brot/Brötchen/Toast
Κρουασάν	kruas'san	Hörnchen
Φρυγανιές	frigan'jäs	Zwieback
Βούτυρο	'wutiro	Butter
Τυρί	ti'ri	Käse
Λουκάνικο	lu'kaniko	Wurst
Ζαμπόν	sam'bon	Schinken
Μέλι	'mäli	Honig
Μαρμελάδα	marmä'laða	Marmelade
Γιαούρτι	ja'urti	Joghurt
... με καρύδια	mä ka'riðja	... mit Walnüssen
Φρούτα	'fruta	Obst

Ορεκτικά/Σούπες — VORSPEISEN/SUPPEN

Ελιές	ä'ljäs	Oliven
Φέτα	'fäta	Scheibe Ziegenkäse
Μελιτζάνα σαλάτα	mäli'dsana sa'lata	Auberginensalat
Ντολμαδάκια	dolma'ðakja	Gefüllte Weinblätter (kalt)
Γίγαντες	'jigandäs	Dicke Bohnen
Γαρίδες	ga'ridäs	Krabben
Τυρόπιτα	ti'ropitta	Käsetasche
Σαγανάκι	saga'naki	Gebratene Käsescheiben
Κοτόσουπα	kot'tosupa	Hühnersuppe
ψαρόσουπα	psa'rosupa	Fischsuppe
Ταραμοσαλάτα	taramosa'lata	Fischeiersalat
Ζωμός κρέατος	so'mos 'kräatos	Kraftbrühe
Τοματόσουπα	toma'tosupa	Tomatensuppe
Λαχανόσουπα	lacha'nosupa	Gemüsesuppe
Μαγειρίτσα	maji'ritsa	Ostersuppe

Σαλάτες — SALATE

Σκορδαλιά	skorðal'ja	Kartoffel-Knoblauch-Püree
Τομάτα	to'mata	Tomate
Αγγουράκια	angu'rakja	Gurken
Χωριάτικη	chor'jatiki	Bauernsalat
Μαρούλισαλάτα	ma'ruli sa'lata	Römersalat
Τζατζίκι	dsa'dsiki	Cremiges Joghurt mit geriebenen Gurken und Knoblauch
Λαχανοσαλάτα	lachanosa'lata	Krautsalat
Πατατοσαλάτα	patatosa'lata	Kartoffelsalat
Άγρια Χόρτα	'agria 'chorta	Wildkrautsalat (Löwenzahn, Huflattich und Brennnessel)

Ψάρια — FISCHGERICHTE

Αστακός λαδολέμονο	asta'kos laðo'lämono	Hummer mit Öl- und Zitronensoße
Γαρίδες	ga'riðes	Krabben
Χταπόδι	Chta'poði	Krake
Μπαρμπούνια σχάρας	bar'bunia 'ßcharas	Rotbarben gegrillt
Γλώσσα τηγανητά	'glossa tijani'ta	Seezunge gebraten
Μύδια	'miðia	Muscheln
Καλαμαράκια τηγανητά	kalama'rakja tigani'ta	Tintenfische gebraten
Μπακαλιάρος φουρνου	baka'ljaros 'furnu	Stockfisch im Backofen
Πέστροφα	'pästroffa	Forelle
Σολομός	solo'mos	Lachs
Κακαβιά	kakaw'ja	Bouillabaisse
Καραβίδες	kara'wiðes	große Scampi
Χριστόψαρο	chris'topsaro	Petersfisch
Σκουμπρί	skum'bri	Makrele
Κολοιός	kol'jos	Makrele
Τσιπούρα	tsi'pura	Dorade
Φαγκρί	fan'gri	Zahnbrasse
Τόνος	'tonnos	Thunfisch
Ξυφίας	ksi'fias	Schwertfisch

Πουλερικά και άγρια — GEFLÜGEL UND WILD

Κότα μέ σούπα αύγολέμονο	'kota mä 'supa awgo'lämono	Huhn in Zitronensuppe
Κοτόπουλο ψητό	ko'topulo psi'to	Brathuhn
Γαλοπούλα ψητή	galo'pula psi'ti	Truthahn gebraten

Κουνέλι	ku'näli	Kaninchen

Φαγητά μέ κρέας — FLEISCHGERICHTE

Μπόν φιλέ	bon fi'lä	Lendenfilet
ιδάκια αρνίσια	pai'ðakja ar'nisia	Lammkotelett
ριζόλες ρινές	bri'soläs chiri'näs	Schweinekotelett
υτζουκάκια	sudsu'kakja	Würstchen
υβλάκι	su'wlaki	Fleischspieß
υβλάκια	su'wlakja	Kleine Fleischspieße
πιφτέκι	bi'ftäki	Gehacktes vom Grill
ρνί ψητό	ar'ni psi'to	Lammbraten
ρνί στό φούρνο	ar'ni sto 'furno	Lammfleisch im Backofen
Ιοσχάρι κοκκινιστό	mos'chari kokkini'sto	Kalbfleisch gedämpft
Μοσχάρι ψητό	mos'chari psi'to	Kalbsbraten
Μιξτ Γκριλλ	'mikst 'gril	Gemischtes vom Grill
Γουρουνόπουλο	guru'nopulo	Spanferkel gebraten
Γύρος	'jiros	Diverse Fleischsorten am senkrechten Drehspieß
Βοδινό φιλέτο ψητό	woði'no fi'läto psi'to	Rinderfilet
Κατσίκι	kat'siki	Zicklein

Λαχανικά — GEMÜSEGERICHTE

Ντολμάδες	dol'maðäs	Gefüllte Weinblätter (warm)
λάχανο	'lachano	Weißkohl
Αγκινάρες	angi'naräs	Artischocken
Μελιτζάνες γεμιστές	mäli'dsanäs jämi'stäs	Gefüllte Auberginen
Τομάτες γεμιστές	to'matäs jämi'stäs	Gefüllte Tomaten
Πιπεριές γεμιστές	pipä'rjäs jämi'stäs	Gefüllte Paprikaschoten
Τουρλού	tur'lu	Bunter Gemüseeintopf
Φασολάκια	faso'lakja	Grüne Bohnen
Μουσακάς	mussa'kas	Auberginen-Fleisch-Auflauf
Μπάμιες	'bamjäs	Okras
Πιπεριές τηγανητές	pipä'rjäs tigani'täs	Paprika gebraten
Παστίτσιο	pa'stitsjo	Nudelauflauf mit Fleischfüllung
Κολοκυθάκια	koloki'θakja	Zucchini
Φασόλια	fas'solja	Weiße Bohnen

Πατάτες τηγανητές	pa'tatäs tigani'täs	Pommes frites
Σπανακόρυζο	spana'koriso	Spinat mit Reis

Επιδόρπια — NACHSPEISEN

Μπακλαβάς	bakla'was	Blätterteig in Sirup mit Nussfüllung
Κρέμα	'kräma	Grießpudding
Ρυζόγαλο	ri'sogalo	Reispudding
Σταφύλια	sta'filia	Trauben
Καρπούζι	kar'pusi	Wassermelone
Πεπόνι	pä'poni	Honigmelone
Ροδάκινα	ro'ðakina	Pfirsiche

Ποτά
Getränke

ΑλκοοΆλούχα ποτά — ALKOHOLISCHE GETRÄNKE

Ούζο	'uso	Anisschnaps
Άσπρο κρασί	'aspro kras'si	Weißwein
Κόκκινο κρασί	'kokkino kra'si	Rotwein
Χύμα	'chima	Wein vom Fass
Ξερό	kse'ro	trocken
Ημίγλυκο	i'miglikko	halbtrocken
Ρετσίνα	rä'tsina	Geharzter Weißwein
Κονιάκ	kon'jak	Weinbrand
Τσίπουρο	'tsippuro	Tresterschnaps
Μπύρα	'bira	Bier

Μη αλκοολούχα ποτά — ALKOHOLFREIE GETRÄNKE

Φραππέ	frap 'pä	Kalter Kaffee
Ελληνικός καφές	älini'kos ka'fäs	Griechischer Mokka
Τσάι	tsai	Tee
Πορτοκαλάδα	portoka'laða	Orangeade
Λεμονάδα	lämo'naða	Limonade
Μέταλλικό νερό	mättali'ko nä'ro	Mineralwasser

Reiseatlas Chalkidikí

Die Seiteneinteilung für den Reiseatlas finden Sie auf dem hinteren Umschlag dieses Reiseführers

A
B
C
1
2
3
4
5
6
Prohoma
Πρόχωμα
N. Agioneri
Ν. Αγιονέρι
P. Agioneri
Π. Αγιονέρι
Xirohori
Ξηροχώρι
N. Fila
Ν. Φιλαδέ
Vathilakkos
Βαθύλακκος
Gallikos
Γαλλικός
Pefkodasos
Πευκοδάσος
N. Mesimvria
Ν. Μεσημβρία
Eleousa
Ελεούσα
Gefira
Γέφυρα
Ag. Athanasios
Αγ. Άθανάσιος
Anhialos
Αγχίαλος
Valtohori
Βαλτοχώρι
Platanorrema
Πλατανόρρεμα
Partheni
Παρθένι
N. Magni
Ν. Μαγνη
Thessaloniki Industrial Area
Βιομηχανική Περιοχή Θεσσαλονίκες
Adendro
Αδενδρο
Sindos
Σίνδος
Vrahia
Βραχιά
Anatoliko
Ανατολικό
Halastra
Χαλάστρα
Kal
Καλ
Kimina
Κύμινα
N. Malgara
Ν. Μάλγαρα
Loudias
Λουδίας
Axios
Αξιός
Aliakmon
Αλιάκμων
Kolpos
Κόλπο
Akr. Vardaris
Ακρ. Βαρδάρης
Akr. Meg. Karabo
Ακρ. Μεγ. Καραμπ
Angelohor
Αγγελοχώρι
Akr. Touzla
Ακρ. Τούζλα
Skiathos Iraklion
Mytilini
N. Moudania
4 km

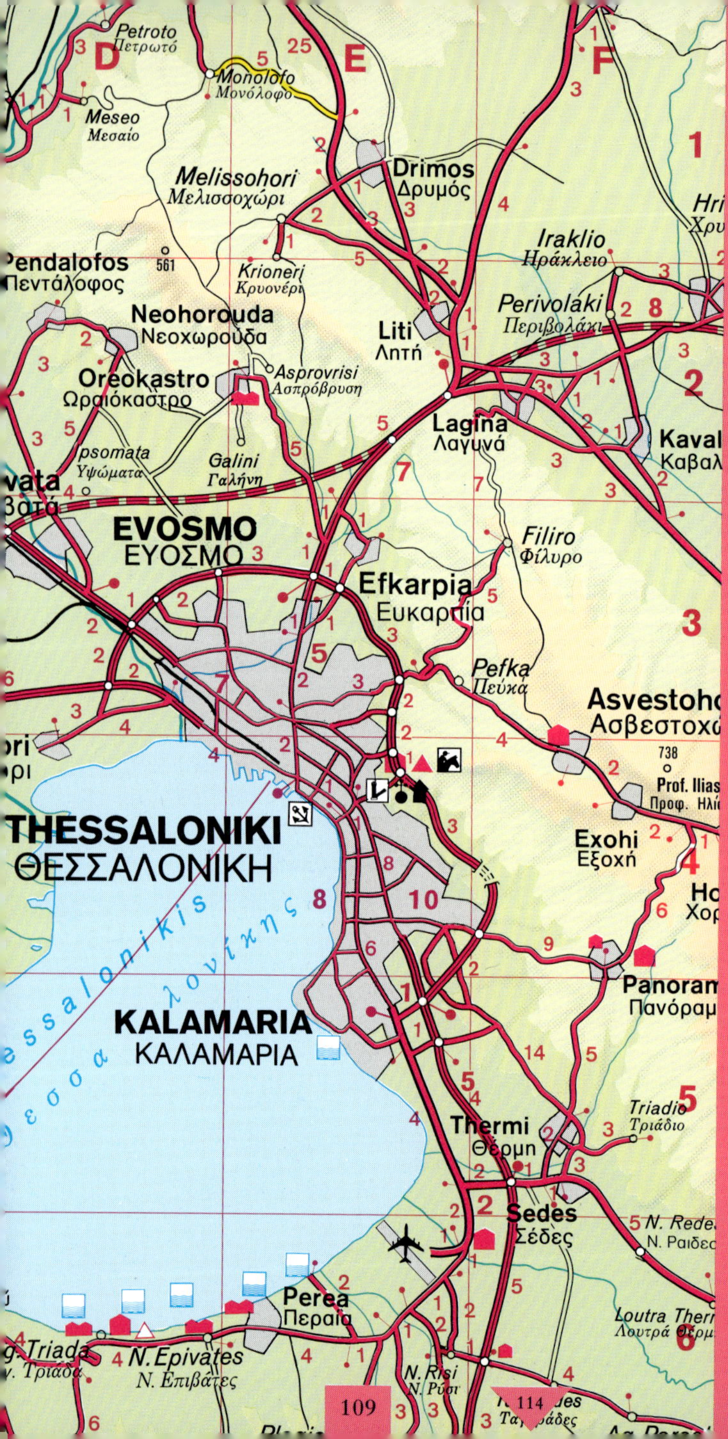

D
E
F
Petroto
Πετρωτό
Monolofo
Μονόλοφο
Meseo
Μεσαίο
Drimos
Δρυμός
Melissohori
Μελισσοχώρι
Iraklio
Ηράκλειο
Pendalofos
Πεντάλοφος
561
Krioneri
Κρυονέρι
Perivolaki
Περιβολάκι
Neohorouda
Νεοχορούδα
Liti
Λητή
Oreokastro
Ωραιόκαστρο
Asprovrisi
Ασπρόβρυση
Lagina
Λαγυνά
Kaval
Καβαλ
Ipsomata
Υψώματα
Galini
Γαλήνη
EVOSMO
ΕΥΟΣΜΟ
Filiro
Φίλυρο
Efkarpia
Ευκαρπία
Pefka
Πεύκα
Asvestoho
Ασβεστοχώ
738
Prof. Ilias
Προφ. Ηλί
THESSALONIKI
ΘΕΣΣΑΛΟΝΙΚΗ
Exohi
Εξοχή
Panoram
Πανόραμ
KALAMARIA
ΚΑΛΑΜΑΡΙΑ
Thermi
Θέρμη
Triadio
Τριάδιο
Sedes
Σέδες
N. Rede
Ν. Ραιδεσ
Perea
Περαία
Loutra Therm
Λουτρά Θέρμ
N. Epivates
Ν. Επιβάτες
N. Risi
Ν. Ρύσι

A
B
C
Pende Vrises
Πέντε Βρύσες
Lofiskos
Λοφίσκος
Hrisavgi
Χρυσαυγή
Langadas
Λαγκαδάς
Kolhiko
Κολχικό
Drakondio
Δρακόντιο
Loutra Langada
Λουτρά Λαγκαδά
Analipsi
Ανάληψη
Drimia
Δρυμιά
Kavallari
Καβαλλάρι
L. Koronia
Λ. Κορώνεια
Evangelismos
Ευαγγελισμός
Sholari
Σχολάρι
Ag. Vasilios
Αγ. Βασίλειος
Asvestohori
Ασβεστοχώρι
M. Ag. Vasiliou
Μ. Άγ. Βασιλείου
738
Prof. Ilias
Προφ. Ηλίας
Langadikia
Λαγκαδίκια
Vasiloudi
Βασιλούδι
Gerakarou
Γερακαρού
Exohi
Εξοχή
Hortiatis
Χορτιάτης
Panorama
Πανόραμα
1201
Ardameri
Αρδαμέρι
Sarakina
Σαρακήνα
Ag. Haralam
Άγ. Χαράλαμπ
Pournarohori
Πουρναροχώρι
Peristera
Περιστερά
Triadio
Τριάδιο
Lanari
Λάναρι
728
Ag. Kiriaki
Άγ. Κυριακή
941
Livadi
Λειβάδι
N. Redestos
Ν. Ραιδεστός
Lakkia
Λακκιά
Loutra Thermis
Λουτρά Θέρμης
4 km
1009
Adriano
Αδριανό
M. Ag. Anastasias
Μ. Αγ. Αναστασίας
115
110

D
E
F
Sohos
Σοχός
Avgi
Αυγή
Mavrouda
Μαυρούδα
1
Xiropot
Ξηροπό
Anixia
Ανοιξιά
Filadelfi
Φιλαδέλφι
19
Askos
Ασκός
O. Volvis O.
659
2
Kokkinohori
Κοκκινοχώρι
Vaiohori
Βαϊοχώρι
Mikrokomi
Μικροκώμη
Nimfopetra
Νυμφόπετρα
Megali Volvi
Μεγάλη Βόλβη
24
Profitis
Προφήτης
L. Volvi
3
Peristerona
Περιστερώνα
Spitakia
Σπιτάκια
Loutra Volvis
Λουτρά Βόλβης
Stivos Στίβος
Voreniotika
Βορενιώτικα
568
Apollo
Απολλω
Platia
Πλατεία
N. Apollonia
Ν. Απολλωνία
Kokkalou
Κοκκαλού
4
Mesopotamo
Μεσοπόταμο
Xirorevma
Ξηρόρευμα
Melissourg
Μελισσουργ
492
Zangliveri
Ζαγκλιβέρι
Partheni
Παρθένι
Asprohoma
Ασπρόχωμα
Mesokomo
Μεσόκωμο
Angelohori
Αγγελοχώρι
17
5
Adam
Αδάμ
Kalamoto
Καλαμωτό
Platanohori
Πλατανοχώρι
Krimni
Κρήμνη
Marathoussa
Μαρα Θούσσα
Prof. Ilias
Προφ. Ηλίας
442
Petrokerasa
Πετροκέρασα
Sana
Σανά
Doumbia
Δουμπιά
Riza
Ριζά
Paleohora
Παλαιοχώρα
6
Geroplatanos
Γερωπλάτανος
111
116
14
Bouni
Πτούνη
Galatista

A
B
C
Kerdilio
Κερδύλ
Skepasto
Σκεπαστό
Limni
Λίμνη
Xiropotamos
Ξηροπόταμος
Stefanina
Στεφανινά
Arethousa
Αρέθουσα
Filadelfi
Φιλαδέλφι
Lefkouda
Λευκούδα
Rahoni
Ραχώνη
O. Βόλβης
Asprovalta
Ασπροβάλτα
Vrasna
Βρασνά
Kato Vrasna
Κάτω Βρασνά
Vamvakia
Βαμβακιά
Psili Rahi
Ψηλή Ράχη
Mikra Volvi
Μικρά Βόλβη
Λ. Βόλβη
Stavr
Rendina
Ρεντίνα
Ag. Marina
Αγ. Μαρίνα
Apollonia
Απολλωνία
Kokkalou
Κοκκαλού
N. Maditos
Ν. Μάδυτος
Modi
Μόδι
Koliani
Κόλιανη
Melissourgos
Μελισσουργός
Horafakia
Χωραφάκια
Varvaras R. Βαρβάρας Π.
Varvara
Βαρβάρα
Marathoussa
Μαραθούσσα
Stanos
Στανός
O. Stratoniko
Koutsikarli
Κουτσικαρλή
Neohori
Νεοχώρι
Kastelli
Καστέλλι
Arnea
Paleohori
Παλαιοχώρι
117
112

D
E
F
1
2
3
4
5
6
N. Kerdilia
Ν. Κερδύλια
Ofrinio
Οφρύνιο
527
12/2000
14
Kiani A.
Κυάνη Α.
Touzla
Τούζλα
28
Riviera
Ριβιέρα
Strimonikos K.
Στρυμονικός Κ.
Σταυρός
of. Ilias
φ. Ηλίας
668
14
N. Kavkanas
Ν. Καύκανας
36
Kaliva Varvaras
Καλύβα Βαρβάρας
11
Olimbias
Ολυμπιάς
Marmari
Μαρμάρι
19
Marmari
Μαρμάρι
444
Eleftherou
Ελεύθερου
Eleftheronisos
Ελευθερόνησος
Stagira
Στάγειρα
Stratoniki
Στρατονίκη
7
Stratoni
Στρατώνι
8
468
4 km
113
119

109
A
B
C
1
2
3
4
5
6
Akr. Meg. Karabournou
Ακρ. Μεγ. Καραμπουρνού
Angelohori
Αγγελοχώρι
Ag. Triada
Άγ. Τριάδα
N. Epivates
Ν. Επιβάτες
Perea
Περαία
Akr. Touzla
Ακρ. Τούζλα
Kerasia
Κερασιά
N. Mihaniona
Ν. Μηχανιώνα
Plagiari
Πλαγίαρι
N. Risi
Ν. Ρύσι
Kardia
Trilofo
Τρίλοφο
Ag. Marina
Αγ. Μαρίνα
Paliouras
Παλιούρας
Epanomi
Επανομή
Mesmeri
Μεσμέρι
Ormos
Όρμος
A. Rendzika
Α. Ρεντζίκα
Akr. Epanomis
Ακρ. Επανομής
Ag. Nikolaos
Άγ. Νικόλαος
N. Iraklia
Ν. Ηράκλεια
N. Ka
N.Καλλ
Thermaikos
Kolpos
Θερμαϊκος
Κόλπος
4 km

114

N. Redestos
N. Ραιδεστός
Lakkia
Λακκιά
Loutra Thermis
Λουτρά Θέρμης
Livadi
Λειβάδι
Adriano
Αδριανό
M. Ag. Anastasias
M. Αγ. Αναστασίας
Ag. Paraskevi
Άγ. Παρασκευή
Souroti
Σουρωτή
Vasilika
Βασιλικά
Galarinos
Γαλαρινός
Kalavros
Καλαύρος
Ag. Antonios
Άγ. Αντώνιος
Monopigado
Μονοπήγαδο
Kato Sholari
Κάτω Σχολάρι
Revma
Ρεύμα
Krini
Κρήνη
Katsika
Κατσίκα
Prinohori
Πρινοχώρι
Lakkoma
Λάκκωμα
Petralona
Πετράλωνα
Nea Gonia
Νεα Γωνία
Rodokipos
Ροδόκηπος
Ag. Pavlos
Άγ. Παύλος
Eleohora
Ελαιοχώρα
N. Tenedos
N. Τένεδος
N. Silata
N. Σίλατα
Ambelakia
Αμπελάκια
N. Triglia
N. Τρίγλια
Galini
Γαλήνη
Veria
Βερία
Sozopoli
Σωζόπολη
N. Plagia
N. Πλάγια
N. Flogita
N. Φλογητά
Par. Dionisiou
Παρ. Διονυσίου
110

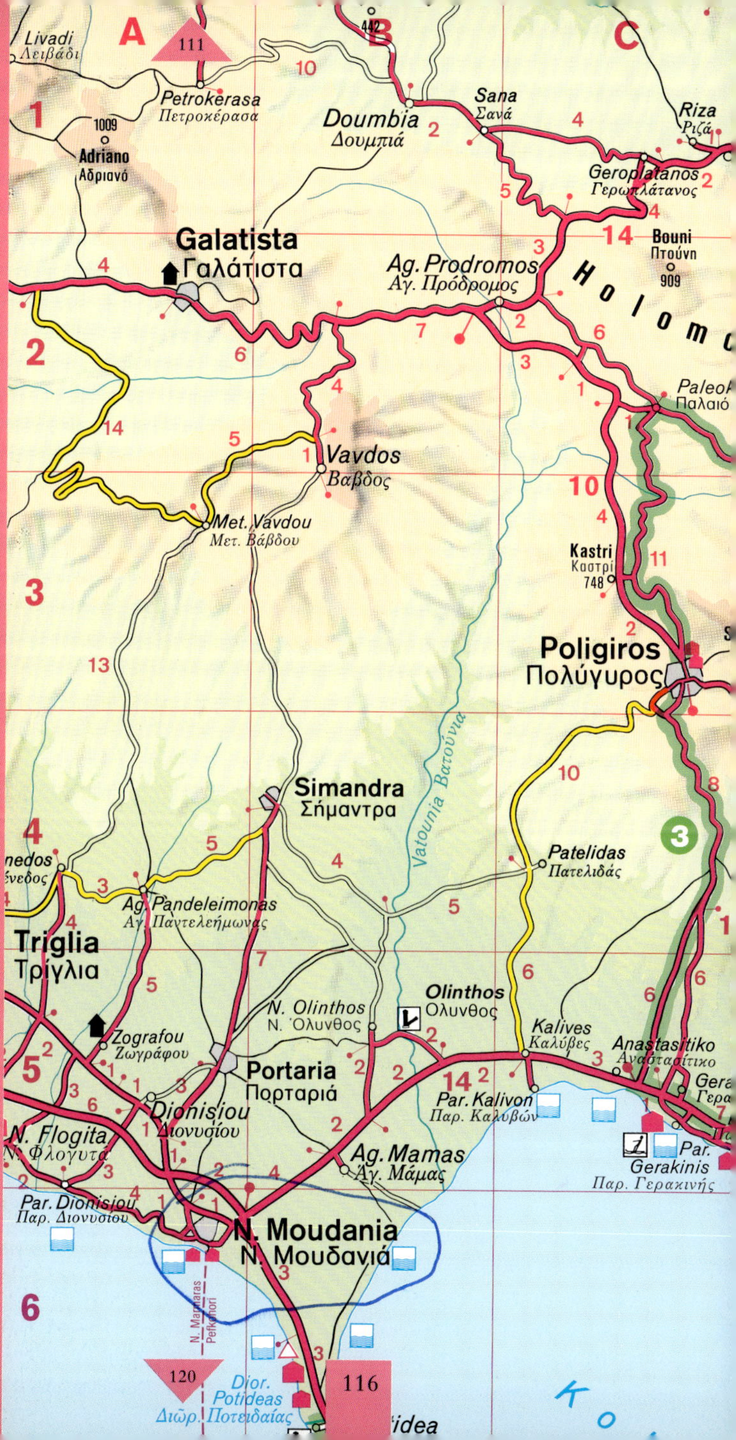

A
B
C
111
442
Livadi
Λιβάδι
Petrokerasa
Πετροκέρασα
1009
Adriano
Αδριανό
Doumbia
Δουμπιά
Sana
Σανά
Riza
Ριζά
Geroplatanos
Γερωπλάτανος
Bouni
Πτούνη
909
Galatista
Γαλάτιστα
Ag. Prodromos
Αγ. Πρόδρομος
Holomo
Paleok
Παλαιό
Vavdos
Βάβδος
Met. Vavdou
Μετ. Βάβδου
Kastri
Καστρί
748
Poligiros
Πολύγυρος
Vatounia Βατούνια
Simandra
Σήμαντρα
Patelidas
Πατελιδάς
nedos
ένεδος
Ag. Pandeleimonas
Αγ. Παντελεήμωνας
Triglia
Τρίγλια
Olinthos
Ολυνθος
N. Olinthos
Ν. Όλυνθος
Kalives
Καλύβες
Anastasitiko
Αναστασίτικο
Zografou
Ζωγράφου
Portaria
Πορταριά
Dionisiou
Διονυσίου
Par. Kalivon
Παρ. Καλυβών
N. Flogita
Ν. Φλογητά
Ag. Mamas
Αγ. Μάμας
Par. Gerakinis
Παρ. Γερακινής
Par. Dionisiou
Παρ. Διονυσίου
N. Moudania
Ν. Μουδανιά
N. Marmaras Pefkohori
120
116
Dior. Potideas
Διώρ. Ποτιδαίας
idea

D
E
F
112
Koutsikarli
Κουτσικαρλή
578
4 km
Neohori
Νεοχώρι
Kastelli
Καστέλλι
913
aleohora
Παλαιοχώρα
Arnea
Αρναία
Paleohori
Παλαιοχώρι
821
Aspropetra
Ασπρόπετρα
1165
Χολομώντας
Svoula
Σβούλα
670
Meg. Panagia
Μεγ. Παναγία
Taxiarhis
Ταξιάρχης
ou Toumba
ρού Τούμπα
938
Vrastama
Βράσταμα
Plana
Πλανά
Miliada
Μιλιάδα
Marmaras
Μαρμαράς
356
Lihnias
Λυχνιάς
586
Kelli
Κελλί
Metangitsi
Μεταγκίτσι
Χαβρίας Π.
Havrias P.
Ormilia
Ορμύλια
M. Evangelismos
Μ. Εβανγελισμος
Vrahoto
Βραχωτό
492
Trikorfou
Τρικορφού
Plakoudia
Πλακούδια
Vatopedi
Βατοπέδι
M. Timiou Prodromou
Μ. Τιμιού Προδρόμου
Ag. Nikolaos
Αγ. Νικόλαος
Nikiti
Νικήτη
Pirgos
Πύργος
Metamorfosi
Μεταμόρφωση
Ag. Georgios
Αγ. Γεοργηος
117
121

Stagira
Στάγειρα
Stratoniki
Στρατονίκη
A
B
C
444
113
Neohori
Νεοχώρι
21
Stratoni
Στρατώνι
Kastelli
Καστέλλι
913
468
Paleohori
Παλαιοχώρι
Kolpos
Κόλπ
16
17
Meg. Panagia
Μεγ. Παναγία
Arvanitis
Αρβανίτης
668
Pevouni
Παιβούνι
523
Ierissos
Ιερισσός
Gomati
Γομάτι
3
10
Plana
Πλανά
Xiropotamos
Ag. Ioannis Prodromos
Άγ. Ιωάννης Πρόδρομος
Marmaras
Μαρμαράς
356
A. Devilikiou
Α. Δεβιλίκιού
Assa
Άσσα
43
Pirgadikia
Πυργαδίκια
Akr. Arkouda
Ακρ. Αρκούδα
Metangitsi
Μεταγκίτσι
N. Amoliani
Ν. Αμολιανή
A. Salonikiou
Α. Σαλονικιού
5
Ag. Nikolaos
Αγ. Νικόλαος
Ritsos
Ρίτσος
Fanari
Φανάρι
Nikiti
Νικήτη
Kolpos Ag
Κόλπος Αγ
Ormos Panagias
Όρμος Παναγίας
N. Diaporos
Ν. Διάπορος
122
118
Ag. Georgios
Αγ. Γεωργιος
S
Xifaras
Ξιφάρας

D
E
F
Eleftheronisos
Ελευθερόνησος
4 km
1
2
3
4
5
6
Ierissou
ς Ιερισσού
Akr. Arapis
Ακρ. Αράπης
Petrovouni
Πετροβούνι
212
Esfigmenou
Limani Λιμάνη
5
N. Roda
Ν. Ρόδα
Dior. Xerxou
Διώρ. Ξέρξου
2
Tripiti
Τρυπητή
15
A g. O r o s
510
Meg. Vigla
Μεγ. Βίγλα
M. Hiliandariou
Μ. Χιλιανδαρίου
4
8
Amoliani
Αμολιανή
Ouranopoli
Ουρανόπολη
Alykes
Αλύκες
Nisi Drenia
Νήσι Δρενία
ou Orous
ου Όρους
N. Moudania

119

123

A
B
C
1
2
3
4
5
6
N. Moudania
N. Μουδανιά
116
Kolpos Kas
Dior. Potideas
Διώρ. Ποτειδαίας
N. Potidea
N. Ποτίδαια
Ag. Pavlos
Αγ. Παύλος
Orm. Ag. Pavlou
Όρμ. Αγ. Παύλου
N. Fokea
N. Φώκαια
Kassandra
Sani
Σανη
Afitos
Άφυτος
Kallithea
Καλλιθέα
Kassandria
Κασσάνδρεια
Siviri
Σίβηρη
Par
Map
Lekani
Λεκάνη
243
Kriopigi
Κρυοπηγή
Pallinandrea
Παλληνάνδρεια
Kassandrino
Κασσανδρηνό
Poli
Πολύ
Skala Fourkas
Σκάλα Φούρκας
Fourka
Φούρκα
Kalandra
Καλάνδρα
Mola Kaliva
Μόλα Καλύβα
Egiopelasitika
Αιγιοπελασίτικα
Posidi
Ποσείδι
Delfinia
Δελφίνια
Egeen
Αιγαίαιν
Ag. Ioannis
Άγ. Ιωάννης
Akr. Kassandras
Ακρ. Κασσάνδρας
4 km
49
120

Νικήτη
Pirgos
Πύργος
Metamorfosi
Μεταμόρφωση
Ormos Panagia
Ορμος Παναγίας
Ag. Georgios
Αγ. Γεοργηος
Kastro
Κάστρο
A. Kalogrias
Α. Καλογρίας
A. Spathies
Α. Σπαθιές
A. Elias
Α. Ελίας
Elia
Ελιά
A. Lagomadra
Α. Λαγομάδρα
N. Marmaras
N. Kelifos
Ν. Κελύφος
Porto Carras
Hanioti
Χανιώτη
Glarokavos
Γλαροκοβος
Livadakia
Λιβαδάκια
Pefkohori
Πευκοχώρι
N. Skioni
Ν. Σκιώνη
Ag. Paraskevi
Αγ. Παρασκευή
Paliouri
Παλιούρι
Loutra
Λουτρά
Akr. Kanastraio
Akp. Καναστραίο
Akr. Paliouri
Akp. Παλιούρι
Κόλπος Κασσά

A
B
C
1
2
3
4
5
6
Ag. Nikolaos
Αγ. Νικόλαος
118
Προδρόμου
Nikiti
Νικήτη
Pirgos
Πύργος
norfosi
ρφωση
Ritsos
Ρίτσος
Fanari
Φανάρι
Ormos Panagias
Ορμος Παναγίας
Kolpo
Κόλπο
N. Diaporos
N. Διάπορος
Xifaras
Ξιφάρας
Karidi
Καρύδι
Ag. Georgios
Αγ. Γεοργηος
Kastro
Κάστρο
A. Kalogrias
A. Καλογρίας
Sithonia
Vourvourou
Βουρβουρού
567
Karvounas
Καρβουνάς
A. Spathies
A. Σπαθιές
A. Elias
A. Ελίας
Elia
Ελιά
Tripotamos
Τριπόταμος
A. Lagomadra
A. Λαγομάδρα
Parthenona
Παρθενώνας
N. Marmaras
N. Μαρμαράς
Kallithea
Κόλπος Κασσάνδρας
N. Kelifos
N. Κελύφος
Porto Carras
Πόρτο Καρράς
67
494
Melitonas
Μελίτωνας
Spalathronisia
Σπαλαθρονήσια
Glarokavos
Γλαροκοβος
Pefkohori
Πευκοχώρι
Skiathos
kevi
308
Paliouri
Παλιούρι
121
122
Ag. Nikolaos
Αγ. Νικόλαος

D
E
F
119
Agiou Orous
Αγίου Όρους
1
4 km
2
3
4
5
6
outloumousi
ουτλουμούσι
Par. Zografou
Παρ. Ζωγράφου
Armenistis
Αρμενιστής
41
Platanitsi
Πλατανίτσι
Itamos
Ίταμος
753
Akr. Rigas
Ακρ. Ρηγάς
Sarti
Σάρτη
A. Ahlada
Α. Αχλάδα
Paklara
Πάκλαρα
598
Sikias
Συκιάς
Sikia
Συκιά
A. Linaraki
Α. Λιναράκι
Kriaritsi
Κριαρίτσι
Tristinika
Τριστινίκα
Kalamitsi
Καλαμίτσι
Toroni
Τορώνη
Karambogia
Καραμπογιά
Koufos
Κουφός
Psefdokavos
Ψευδόκαβος
Akr. Drepano
Ακρ. Δρέπανο

123

A
B
C
119
Ierissos
1
Petrovouni
Πετροβούνι
212
2
Ag. Oros
Ag. Theodori
Αγ. Θεόδωροι
M. Hiliandariou
Μ. Χιλιανδαρίου
M. Esfigmenou
Μ. Εσφιγμένου
510
Meg. Vigla
Μεγ. Βίγλα
409
Ouranopoli
Ουρανόπολη
3
M. Zografou
Μ. Ζωγράφου
M. Konstamonitou
Μ. Κωνσταμονίτου
591
M. Dohiariou
Μ. Δοχειαρίου
M. Xenofondos
Μ. Ξενοφώντος
4
M. Ag. Pandeleimonos
Μ. Άγ. Παντελεήμονος
5
Kolpos Agiou Orous
Κόλπος Αγίου Όρους
6
N. Moudania
Akr. Rigas
123
124